解決問題
最簡單的方法

Problem Solving 101
A Simple Book for Smart People

在故事中
學會麥肯錫

5

大思考工具

渡邊健介
Kensuke Watanabe

蔡昭儀 譯

目錄
CONTENTS

CHAPTER 3 正確設定目標，就能一步步達成！ 101

前言

我在麥肯錫學到的思考方法

你對未來懷抱著什麼樣的夢想？

你心裡有什麼煩惱嗎？

當你面對困難時，有沒有自信可以靠自己的力量突破難關，開創新的人生？又或者，你很快就放棄了呢？

學會本書介紹的「徹底思考術」，並且養成「三思而後行」的習慣，就可以幫助你解決日常生活中可能面臨的種種問題，例如克服頭痛的科目、在社團活動中展現優越的成績，或是將校慶活動辦得有聲有色。不僅如此，憑藉著你的才能與熱情，夢想成真的可能性將會大大提高。

換句話說，你可以對自己的人生負起責任，並且沒有遺憾。

　　一個問題不管它看起來多龐大、多複雜，都可以分解成好幾個小問題。一旦注意到這一點，我們就會比較有自信，也會比較樂觀，可以更從容地面對問題。接著，就能從中體會到自己思考、判斷，以及執行的樂趣，進而養成開創人生所需具備的好習慣。

　　這本書中介紹的解決問題方法，是根據我過去服務的麥肯錫顧問公司所應用的方法。麥肯錫顧問公司專門為企業、政府或非營利組織的領導者提供建言，它們利用這套方法為世界上具代表性的企業制定策略，此外，它們替個人解決問題時，也一定用得上這套方法。

　　我在 22 歲時學到這套思考方法，當時我受到很大的衝擊，「這才是真正的『思考』，為什麼我沒有早點學到這套方法呢？」接著我覺得應該要盡可能將這套思考法傳達給更多人，因此寫下了這本書。

　　在這本書中，我將就最重要的部分做簡單扼要的介紹。

首先是第 1 章，我將可以自己解決問題的人稱為「解決問題小子」，這種人有什麼特徵、他們解決問題的流程又是如何，這些都會在第 1 章有詳細的說明。

　　第 2 章我以中學生樂團 Mushroom Lovers 為例，介紹他們如何利用解決問題的方法，吸引更多人來看他們的演唱會。

　　第 3 章介紹的案例是，夢想成為動畫導演的太郎為了得到電腦，如何設定具體的目標，一步步想出達成目標的方法。

　　具備解決問題的能力，絕對不是讓自己變成不懂人情世故的「冷漠理論主義者」，也非只會耍嘴皮子、凡事獨善其身的「任性個人主義者」，更不會變成屏棄自己的優點，只會崇尚歐美式思考的人。

　　具備解決問題的能力，是為了讓我們可以靠自己的能力徹底思考、執行，開創自己的人生。

　　讓我們一起愉快地學習解決問題的思考方法。相信各位讀者都會得到踏出第一步的力量。

CHAPTER 1

解決問題的能力，每個人都需要！

自己思考、自己行動的能力

　　具備解決問題的能力，我們就可以自主性地思考、做出決定，然後付諸執行。

　　有一種人即使面臨困難，也不會輕言放棄，他們會憑藉著自己的力量去度過難關。當他們有了夢想或目標，他們會盡其所能，投注所有的熱情去實現夢想。我們稱這種人為「解決問題小子」。

　　這其實不是與生俱來的能力，而是一種習慣。他們在自己思考、執行的過程中慢慢累積經驗，漸漸地就養成了「徹底思考」、「凡事採取樂觀態度」的習慣。

　　一旦養成這種習慣，當你心中有了目標時，實現這個目標的可能性就會大大提高。它可以幫助你解決課業上或是決定未來方向時所產生的煩惱，對於實現未來的夢想也能有所

助益。慢慢地，不僅是解決自身的問題，連環境問題等攸關社會的大問題也都能迎刃而解。

　　因此，養成這種習慣是越早越好。

你認識這樣的人嗎？

　　各位不妨回想一下，在你的周遭，或是班上、社團的同學裡，有沒有這種人？

　　所謂的「藉口小子」，當他們面對困難時，第一個念頭就是：「反正我就是做不到啦⋯⋯」馬上就想放棄了。他們總是覺得做什麼都沒有用，或者把責任推到別人身上。他們不肯動腦筋去思考是不是真的不行，或者還有沒有其他的辦法。

　　雖然他們偶爾也會察覺一些不同，或者腦海中浮現不錯的靈感，但是他們太在意別人的眼光，總是覺得「要是失敗多丟臉，還是算了吧⋯⋯」一味地退縮。

藉口小子

- 「反正我就是做不到啦……」
  （輕易放棄）
- 「反正做什麼都沒有用啦……」
  （認為自己無法改變現狀）
- 「要是失敗多丟臉，還是算了吧……」
  （在意別人的眼光，害怕失敗而裹足不前）
- 「都是大人不好，老師不好，學校不好……」
- 「反正沒有人了解我……」
  （只會怪別人或大環境）

批評小子

- 「問題就出在這！」
- 「都是他不好啦！」
- 「你看吧，我都說行不通了！」

  （他都會說問題出在哪，或是原因該歸咎於誰，可是⋯⋯）

- 「接下來就交給你了！」

  （只有嘴上工夫了得，自己卻什麼都不做）

「批評小子」是只會耍嘴皮子的人。他們很會發表意見：「問題就出在這！」「都是他不好啦！」把矛頭指向別人，自己卻什麼都不做。

　　嘴上批評是很簡單，但是真正要付諸行動卻很困難，不管說得多麼理直氣壯，不付諸行動就毫無意義。批評小子要不是沒注意到這點，或者他們根本就是逃避現實。

━━━━━

　　「衝動小子」對任何事都很有衝勁，並且非常樂觀，這個本質是很好，只不過，當事情不順利的時候，「一定是衝勁不夠才會失敗！」「有那麼多時間想的話，不如做了再說！」把一切都歸咎於精神層面不夠堅強。其實，稍微思考一下再出發，或者一邊行動，一邊思考，反而可以提高目標達成的機率，也更能激發自己的才華。

　　「照老師、前輩說的去做就對了！」他們的特徵就是沒有自己的想法或意見。

衝動小子

- 「好，要衝囉！」

  （有衝勁也有行動力，可是……）
- 「一定是衝勁不夠才會失敗，我要更努力！」

  （凡事都歸咎於精神層面）
- 「照老師或前輩說的去做就對了」
- 「有那麼多時間想的話，不如做了再說！」

  （不懂得思考的重要性）

各位讀者不妨回頭想想，自己是不是這三種人之一呢？

我自己也會經常反省過去：

「當時就像藉口小子一樣，只會坐著煩惱，一步也不敢踏出去。」

「上個禮拜的會議，我只發表意見，卻沒有付諸行動，別人可能把我當成批評小子。」

「上次雖然衝勁十足，可是如果考慮周詳再進行的話，應該會更順利。」

「解決問題小子」就和上述的三種人不同，他們心裡經常懷有具體的目標，當問題發生的時候，他們不會唉聲嘆氣，而是積極地思考「該怎麼做才好」，然後馬上付諸行動，也會視情況需要，適時調整方向。他們享受三思而後行的樂趣，不管成功或失敗，他們都能夠從中汲取經驗，快速地成長。

　　那些受到周遭羨慕、文武雙全的人（或許他們自己沒注意到這一點）應該是很自然地就擁有這些特質吧。

解決問題小子

- 「好，三個月後，我絕對要完成○○！」

  （心中經常懷有具體的目標）

- 「老是擔心行不通也沒有用，我應該想想該怎

  麼做才能夠順利進行！」

  （凡事採取樂觀態度）

- 「為什麼會發生這樣的問題呢？」

  （深入探討導致一個現象發生的問題本質）

- 「原來如此，這樣或許行得通，我就來試試看！」

  （找到具體的解決方案後，馬上付諸實行動）

- 「這樣可以嗎？」

- 「好像還是差強人意，為什麼呢？」

- 「該怎麼做才能更圓滿呢？」

  （隨時確認進度，每次都能汲取經驗，讓自己更

  進一步）

接下來，我們就以右頁的圖來說明這四種類型的人到底有什麼與眾不同的特點。

　　「藉口小子」只是一直在起點徘徊，完全無法靠近終點。「批評小子」雖然知道終點的位置，卻因為不付諸行動，所以也不能到達終點。

　　「衝動小子」會全力衝刺，可是卻不見得知道終點在哪裡。他可能跑了一會兒才覺得不對勁，可是由於平常沒有思考的習慣，他還是會往錯誤的方向跑。明明衝勁十足，卻不得其門而入，無法發揮自己的才華，實在是很可惜。

　　反觀「解決問題小子」，他們會自己思考、行動，還會適時調整方向，選擇最短程的路徑到達終點。因此，當其他人到達終點的時候，他已經朝著下一個目的地，或是更高的目標出發了。

　　能不能成為解決問題小子，與是否具備才華毫無關係，而是能否養成習慣的問題。只要及早努力，任何人都有機會晉身為解決問題小子。

解決問題小子能夠以最短距離到達終點

 起點　　　　 終點

藉口小子

- 既不思考也不行動，永遠也到不了終點
- 由於不願意嘗試，所以什麼都學不到，也沒有自信

批評小子

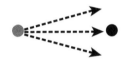

- 每天只會發牢騷
- 只會說問題出在哪、是誰不好、該怎麼做，自己卻什麼都不做
- 不願對風險或結果擔起責任

衝動小子

- 完全不顧左右，只是一味向前衝！不屈不撓，卻也做很多白費力氣的事，無法以最短距離到達終點
- 無法從行動的結果學到經驗，進步相當緩慢

解決問題小子

- 反覆地思考、行動、調整方向，能夠以最短距離到達終點
- 每次都從執行的結果學到經驗，使自己成長

解決問題小子
會以驚人的速度成長

　　解決問題小子每次都會從自己採取的行動及之後的結果學到一些經驗。成功的時候,他會思考怎樣可以做到更好,即使是失敗,他也會探究問題出在哪裡,如何才能不再犯同樣的錯誤,應用在下一次的行動中。

　　起初可能只是小小的差別,但是日子久了,這些經驗積少成多,就會變成很大的差距。他進步的速度與其他三種類型的人完全不同。

　　假設有三個人,他們擁有完全相同的才華,所有人在起跑點都有 100 分的力量,有「徹底思考、行動」習慣的人和沒有這種習慣的人,進步的速度是不一樣的。A 每個月進步1%,B 進步 5%,C 則以 10% 的速度在進步。

　　三年後,會出現怎樣的差距呢?

每個月以 1% 的速度進步的 A，三年後有 143 分的力量，以 5% 的速度進步的 B，有 579 分，而以 10% 的速度進步的 C，竟然成長到 3,091 分。

　　換句話說，短短三年，A 和 C 之間就有高達 22 倍的差距，B 和 C 之間的差距也有 5 倍之多。再過個十年、二十年，恐怕差距只會無止盡地一直擴大下去吧。

　　一直想不通的地方突然懂了，或是突然感受到自己的成長，不管是什麼情況，這都是令人高興的瞬間。

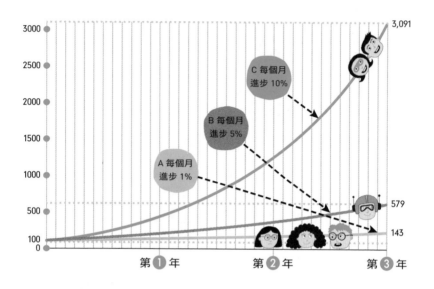

一旦養成徹底思考的習慣，「治好賴床的毛病」、「改善成績」、「夢想成為建築師」等等，不僅是個人的問題，「讓足球隊贏得比賽」、「吸引更多人來參觀校慶活動」，這些自己所屬團體的問題也都能夠迎刃而解。

持續累積這樣的經驗，影響力不只遍及自己周遭，甚至能擴大到更大的範圍，「防止地球的溫室效應」、「改善非洲的貧困問題」這些大型的社會問題也都能嘗試去解決。

到底何謂解決問題？

　　所謂解決問題，簡單地說就是「正確地理解現狀」，「找出問題產生的原因」，「徹底思考有效的解決方案」，然後「執行」。

　　舉例來說，「數學成績退步了」，光是知道「成績退步了」也無法改變什麼。究竟是什麼樣的問題不懂、為什麼不懂，能夠找出原因的話，就是一大進步。

▌解決問題的流程

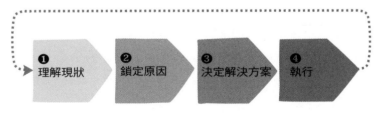

接著，該怎麼做才會懂，想出有效的解決方案，執行了以後，才能算是解決了這個問題。

或許有人會說，不用這麼麻煩也知道該怎麼做吧。但是，能夠完全從❶「理解現狀」做到❹「執行」的人卻是少之又少。如果剛好又是不太喜歡的事，就更不用說了，大家不都是對著頭痛的問題說聲沒辦法，然後就放棄了嗎？

對於「數學成績退步了」這個現象，大部分的人都是直接跳過步驟❷和步驟❸，隨口說說：「那就來改善數學成績吧！」

但光是如此，並不能使問題明朗化，也不知道到底該怎麼做才能找到一個明確的方向，確實提高分數。像隻無頭蒼蠅似地盲目用功，對成績一點幫助也沒有。

此外，「增加做功課的時間」、「暫停社團活動」，只是隨便想幾個方法，這也不叫問題解決。說不定問題的原因根本就不在做功課時間的長短，可能是讀書的方法不對，或是不能專心。這種情況下，就算暫停社團活動，延長做功課的時間，成績還是不會有起色吧。

如果是解決問題小子，他會先想清楚問題的癥結，例如：「是哪個類型的題目不懂？」「為什麼會算錯？」

　　以中學一年級的數學為例，有「正負數」、「方程式」、「平面圖形」、「立體圖形」、「其他」等類型。然後試著找出「每次都寫錯」、「考試雖然寫對了，但其實是瞎矇的」等題目類型。

▌思考數學成績退步的原因

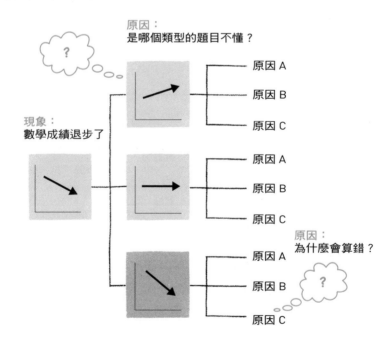

接著，他會想清楚不懂的理由為何。

比如說，「時間不夠，根本來不及算」，或是「有試著計算，但是算不出來」。

▍解答範例 1

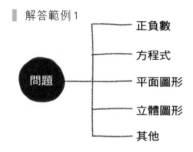

▍解答範例 2

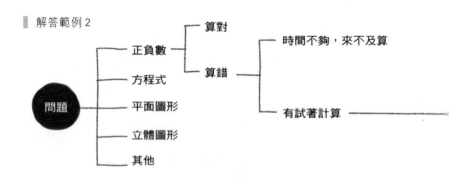

如果已經試著計算，卻算不出來的話，原因可能是「不知道怎麼算」，或是其他理由。而「不知道怎麼算」的原因可能是「不懂基本概念」，或是「懂基本概念，但是不會應用」。

　　像這樣反覆問自己「為什麼」，就可以找出數學退步的的具體原因了。

　　我們可以把上述的概念整理成下一頁的圖形，這是一棵「分解樹」，當我們在探討問題的原因，或是列舉點子的時候，「分解樹」是相當方便的思考工具。

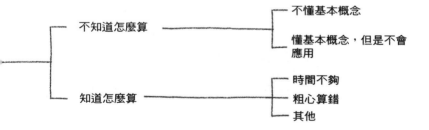

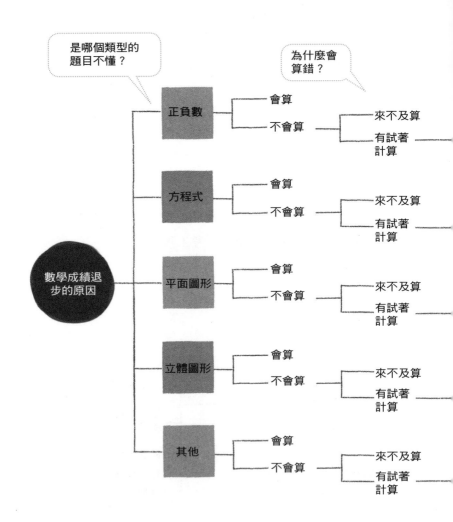

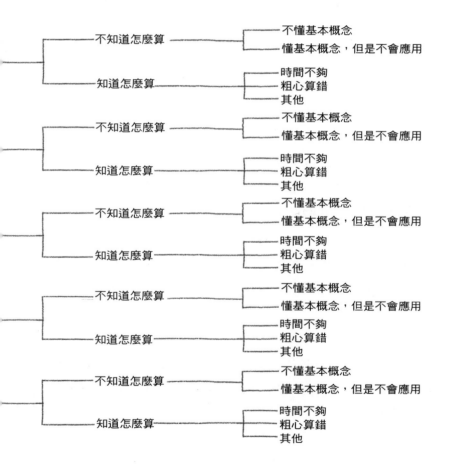

數學成績退步的理由可能因人而異，不過應該也不外乎這棵「分解樹」上所列舉的原因。A 可能不懂方程式的基本概念；B 雖然知道怎麼算，可是每次都因為時間不夠，也就是時間分配上出了問題；C 可以在時間內算完，但是因為粗心而犯太多錯誤。問題的解決方案，自然是要隨著原因的不同來做調整。

　　比如說，A 可以在目前做功課的時間內，多練習方程式的問題，也可以另外在通學途中或是睡前複習十五分鐘。

　　他不僅可以針對不懂的問題類型增加做功課的時間，為了提高效率，也可以去找簡單易懂的問題集來練習，有不懂的地方就問學校老師或同學，或是請家教來加強。

　　解決問題並不需要什麼複雜的思路，只要弄清楚一個現象之所以發生的原因，想出有效的解決方案，然後去執行就對了。

　　即使是使人茫然的問題，或是大家都束手無策的大問題，只要仔細地找出原因，把它分解成小問題，再一個個去解決就可以了。

只要我們學會這個方法，就可以在面臨問題時，從容地
想辦法解決。

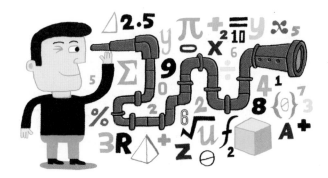

分解樹

（探究原因、激發創意）

解決問題的時候，「分解樹」是很實用的工具。它可以讓我們鉅細靡遺地列舉出所有可能的原因，也可以讓我們在思考解決方案的時候，拓展思路、激發創意，並且讓創意更具體。

不過話雖如此，也不是一開始就能畫出枝葉繁茂的大樹。首先，我們可以把想到的點子條例出來，然後把相似的歸為一類。接著再自問：「還有沒有其他的可能？」「具體說來會是什麼樣子？」

反覆進行這個步驟，就可以使創意無限擴展，創意也會越來越具體。

以學校的班級為例，假設班上有 30 個學生，他們可以分成怎樣的組別呢？

任何分法都沒關係，各位也自由發揮一下想像力。

- 以性別來分？
  「男生」和「女生」

- 以身高來分？
  「150 公分以上」和「150 公分以下」

- 以左右撇子來分？
  「右撇子」、「左撇子」、「雙手皆可」

班級分組 1

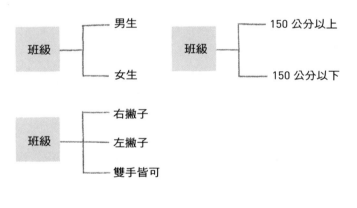

接下來，我們再想想可以分得更細的方法。

比如說，以社團活動來分的話，會如何呢？假設大家都只參加一個社團，實際畫一棵分解樹看看。

你的班上有多少人呢？假設有 30 個人，畫好分解樹後，試著將所有人分到各個分枝。如果總計不是 30 個人，就表示有遺漏或重複。

我來說明一下，首先，分成「參加社團活動的人」和「不參加社團活動的人」。

再將「參加社團活動的人」進一步分類，可以先大致分為「運動類」和「文化類」。

再將「運動類」細分為棒球社、足球社等，「文化類」中有話劇社、美術社等。

然後將這些類別畫到分解樹上，就可以完成右頁的分解樹。

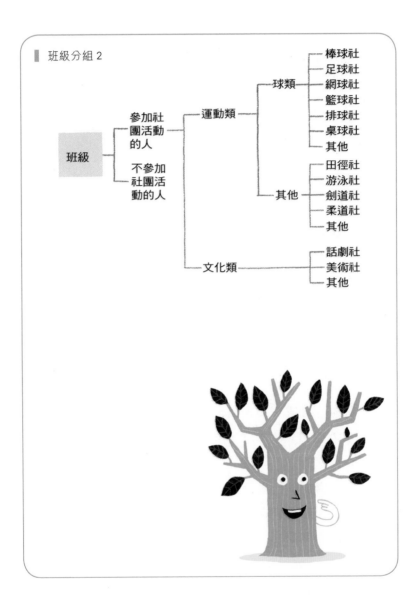

班級分組 2

```
班級 ─┬─ 參加社     ─┬─ 運動類 ─┬─ 球類 ─┬─ 棒球社
      │   團活動   │          │        ├─ 足球社
      │   的人     │          │        ├─ 網球社
      │            │          │        ├─ 籃球社
      ├─ 不參加   │          │        ├─ 排球社
         社團活    │          │        ├─ 桌球社
         動的人    │          │        └─ 其他
                   │          │
                   │          └─ 其他 ─┬─ 田徑社
                   │                   ├─ 游泳社
                   │                   ├─ 劍道社
                   │                   ├─ 柔道社
                   │                   └─ 其他
                   │
                   └─ 文化類 ─┬─ 話劇社
                              ├─ 美術社
                              └─ 其他
```

分解樹並不是非得從左邊畫起不可，要是中途一時想不出來，也可以先把想到的寫下來，然後再重新分類就好了。分類的時候，也可能會浮現一些原先沒想到的點子。

　　這樣有點概念了嗎？

　　最後我們再試一題，來畫畫看分解樹。

　　題目：「在不改變搖晃容器的速度和強度之下，如何使容器撒出更多胡椒粉？」

　　答案有很多，我先舉一個作為參考。

　　首先，分成「加大撒出面的表面積」和「增加同一表面積的撒出量」兩個方案。

　　以「增加同一表面積的撒出量」來說，還可以分成「增加同一表面積的撒出孔」和「增加每孔的撒出量（使胡椒粉更容易撒出來）」。

「增加每孔的撒出量」還可以再細分為「加大撒出孔」和「將胡椒粉磨得更細」兩個方案。

　　於是，我們就可以畫出下面的分解樹。

　　不管什麼樣的問題，只要像這樣一一分解，最後都會浮現令人驚喜的點子。

▌ 增加胡椒粉的撒出量

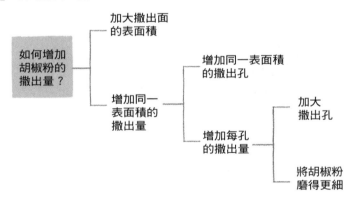

另外，畫出圖形也有助於創意發想。只用文字思考的話，可能一直想著如何改變容器的撒出孔，但是畫出圖形，可能就會發現：「只要加大胡椒撒出面的表面積就好了嘛！」

▌畫成圖形，點子就出來了

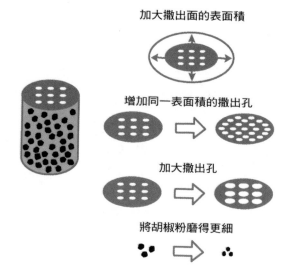

加大撒出面的表面積

增加同一表面積的撒出孔

加大撒出孔

將胡椒粉磨得更細

習慣還沒養成的時候，可能會需要多花一點時間，不過多試幾次後，腦海中自然就會浮現出分解樹。

　　分解樹是有效解決問題的基本技巧，我們可以在日常生活中像玩遊戲一樣隨時練習。

————

　　現在，你對問題解決小子是什麼樣的人有一點概念了嗎？大略知道問題解決的流程了吧？會使用分解樹了嗎？

　　從第2章起，我們以中學生樂團Mushroom Lovers、想買電腦的太郎等具體的例子，實際演練如何解決問題。

CHAPTER 2

找出問題的癥結，才能對症下藥！

解決問題，就像醫生診斷病症

在我們日常生活當中，隨時都有可能會遇到問題，在朝著夢想或目標努力的時候，也會遇到阻礙。當你遭遇挫折時，千萬不要輕言放棄，先讓自己冷靜下來，好好思考問題的癥結到底在哪裡。只要看出問題的本質，就一定能想出克服困難的方法。

沒錯，就像醫生一樣，先診斷病症的原因（釐清原因），想出適當的治療方法（思考有效的解決方案）就可以了。就像這樣：

❶ 釐清原因

1A　找出所有可能的原因

1B　假設原因

1C　思考如何分析、蒐集資訊

1D　分析

❷ 思考解決方案

2A　列舉各種解決方案

2B　選擇最適合的方案

2C　定下執行計畫

　　我將以中學生樂團 Mushroom Lovers 實現夢想的過程為例，向各位介紹解決問題的方法。

一起拯救中學生樂團
Mushroom Lovers

小蘑菇與好友茄子與魚板三個人組成了 Mushroom Lovers 樂團。

他們三個人從幼稚園時代就是青梅竹馬，三年前他們開始認真地學習音樂。起初是因為帶頭的小蘑菇第一次去看了一場人氣樂團所舉辦的演唱會，她看完演唱會非常感動，回到家馬上就打電話給茄子和魚板。

「明天我們就組個樂團，主唱當然是我囉。茄子負責彈吉他，魚板打鼓好了。明天放學後，在老地方會合，就這麼說定了！」

小蘑菇像平常一樣自顧自地說完，就喀嚓一聲掛上電話。

茄子和魚板心想：「又來了……」不過他們就是喜歡這樣的小蘑菇，只要是她的心願，他們都會想辦法幫她實現。

　　茄子馬上就找哥哥借來吉他，自己摸索，無師自通地學會了彈吉他。魚板一開始拿木棒敲紙箱練習打鼓，同時也慢慢存下零用錢，買了一組便宜的二手爵士鼓。小蘑菇本來五音不全，一開口唱歌，旁人就要摀住耳朵，後來慢慢抓到訣竅，破鑼嗓子也變成有特色的唱腔了。

　　他們每天在茄子家的車庫練得有模有樣，三個人的默契也越來越好。「我們還不賴嘛。」小蘑菇充滿了自信。

　　三個月前，他們三人放學回家途中，小蘑菇一副心事重重的樣子，魚板和茄子跟她講話，她也都心不在焉的，不知道在想什麼。

　　走到一半，小蘑菇突然停下腳步，「下個星期六，我們借學校的體育館來開演唱會吧。這主意不錯，以後每個月都這麼做。」

　　茄子說：「這麼突然，不可能啦。」

魚板說：「體育館哪是你說借就能借的，我從來就沒聽過有人借體育館開演唱會。」

　　他們兩人一個說「不可能」，一個說「沒聽過」，小蘑菇聽了他們消極的反應後怒不可遏。

　　「你們想都沒想就說不可能！我們可是要朝著專業樂團的目標努力，現在就要從學校的體育館開始不可。借體育館的事我會去找校長，茄子和魚板就負責召集觀眾，知道了嗎！」

　　小蘑菇說著，馬上就掉頭，跑回學校。

　　還沒反應過來的茄子和魚板只能站在原地發呆，面面相覷：「這下該怎麼辦才好……」

　　說到做到的小蘑菇很快就拿到體育館的使用許可，茄子和魚板也負責通知朋友，就這樣開了第一場演唱會。一個月後，他們又開了第二場演唱會，今天就要開第三場了。

　　可是，演唱會結束後小蘑菇又發火了。

「為什麼觀眾這麼少？第一次來了 10 個人，第二次說有增加，也不過 15 個人，第三次還是只來了 15 個人，這是怎麼回事？下次一定要好好召集觀眾才行！」

看著氣得眼眶泛紅的小蘑菇，茄子和魚板決心要設法多吸引一些觀眾。

他們要在下個月舉辦第四場演唱會之前，找出演唱會不能吸引觀眾的原因，還要想辦法讓體育館擠滿觀眾。

1A
找出所有可能的原因

Mushroom Lovers 的問題是演唱會無法吸引觀眾，可能的原因有哪些呢？

一樣是「沒去看演唱會」的結果，可能的原因還是有很多種。

▋利用「分解樹」將觀眾分類

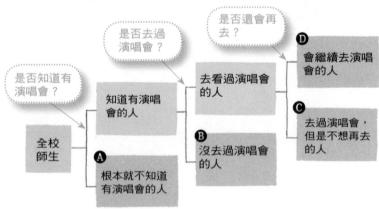

比如說，有些人可能「根本就不知道有演唱會」，也可能有人「知道有演唱會，卻因為某種原因，使他不想去看」，又或者「去看過演唱會，卻因為某種原因，使他不想再去」。

茄子和魚板先假設全校的師生 500 人可能來看演唱會（潛在觀眾），把這些人利用「分解樹」分類。

仔細觀察一下後，他們發現「分解樹」是由以下三個問題所構成：

▌分成三個問題

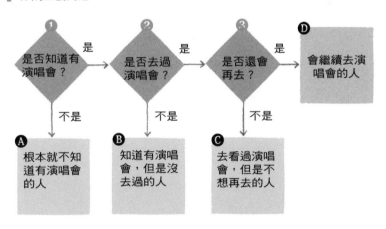

❶是否知道有演唱會？

❷是否去過演唱會？

❸是否還會再去？

潛在觀眾大致上都可以歸類到 A 至 D 這四組當中，再根據他們對上述問題所做的回答，就可以知道各類別有多少人了。

接著，只要再進一步詢問這些潛在觀眾：「為什麼知道有演唱會，卻不想去看？」「為什麼去看過演唱會，卻不想再去了？」就可以知道問題的癥結所在了。

是非樹

（確定思考方向）

　　所謂「是非樹」，是調查原因或思考解決方案時，請受訪者回答幾個「是與否」的問題，就可以明確看出方向的工具。

　　舉例來說，探討必須在早上 6 點起床，卻睡過頭的問題。

　　當你驚覺：「啊！睡過頭了！」一邊想著要馬上換好衣服出門，還一邊嘟囔著：「怎麼會這樣？」腦海中自然浮現：「電池沒電了嗎？」「鬧鐘壞掉了嗎？」不知不覺就開始思索原因。大家一定都有類似的經驗吧。

　　那麼，我們就來畫一棵「是非樹」，探討一下睡過頭的原因。

畫好了嗎？下面的圖是我畫的例子。不過並沒有必
要和我畫得一模一樣。

▋ 利用「是非樹」探討睡過頭的原因

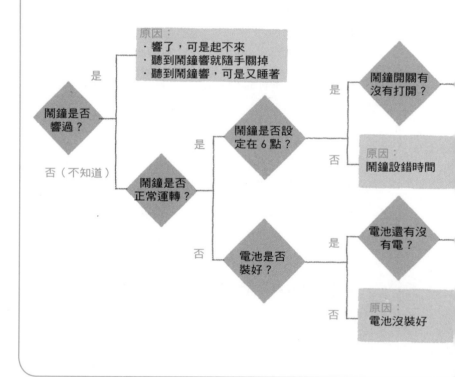

重點是藉著回答「是與否」的問題，就可以循序找出所有可能的原因。

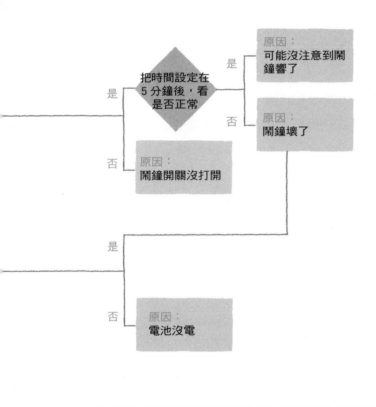

1B
假設原因

我們來假設幾個原因。

所謂假設，就是雖然還不知道正確答案，但是我們心裡可以假想「這或許就是答案」。假設並不是一件困難的事，大家平常也應該都會在無意中做各種假設。

一開始就明確做出假設並提出根據的話，不需要太多繁複的調查，只要做一些簡單的確認，就可以知道這個假設是否正確。

比如說，想趁連假期間去隔壁鎮上的奶奶家玩，但是隔天一早又要參加社團活動，得早點回家不可……

這時候，如果什麼都沒考慮，心想到時候看著辦就出發的話，事情會演變成如何呢？

「就照平常一樣，今天也搭公車去好了……」

沒多加考慮就搭公車出發，結果路上大塞車，平常只要半個小時就可以抵達，今天卻花了兩個小時。結果去到奶奶家也不能逗留太久。

如果事先做出假設並確認好的話，就可以找出到奶奶家最適當的交通工具，在奶奶家也可以多玩一會兒。

比如說，「平常搭公車是比較快，但現在是連假期間，路上可能會塞車，還是搭電車去比較好吧。」這就是「假設」。這段文字當中，「現在是連假期間，路上可能會塞車」就是「根據」。

大家一定都曾經在無意中做類似這樣的事。接著，如果要檢測這個假設是否正確，只要聽廣播或電視新聞的路況報導就可以了。

———————

讓我們把焦點拉回 Mushroom Lovers。

茄子和魚板所做的假設是：「最大的問題應該是知道有演唱會的人太少了。」

他們為什麼會這麼想呢？我們來看看他們怎麼思考的。

首先是一開始就知道有演唱會的人數。「我們只跟班上幾個人說，所以應該沒多少人知道這件事吧。小蘑菇態度好像很積極，可是她其實很害羞，她會不會只跟老師說而已呢？」

於是他們假設 20 個人當中可能只有 1 個人（5%）知道演唱會的事。

接著是知道有演唱會的人當中，至少來過一次的比例。茄子和魚板認為：「喜歡音樂的人，如果知道有演唱會，應該都會來吧。」

因此他們預測：「大概有半數以上的人都喜歡音樂吧，或許有六成。」

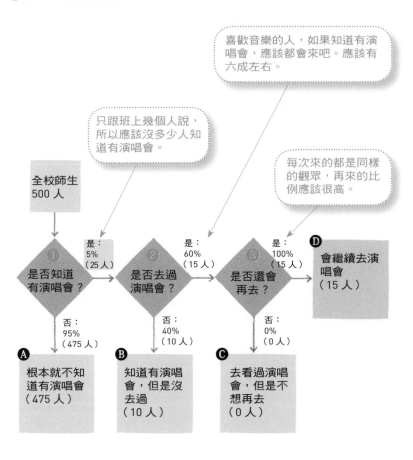

喜歡音樂的人，如果知道有演唱會，應該都會來吧。應該有六成左右。

只跟班上幾個人說，所以應該沒多少人知道有演唱會。

每次來的都是同樣的觀眾，再來的比例應該很高。

全校師生
500 人

① 是否知道有演唱會？

是：
5%
（25 人）

② 是否去過演唱會？

是：
60%
（15 人）

③ 是否還會再去？

是：
100%
（15 人）

Ⓓ 會繼續去演唱會
（15 人）

否：
95%
（475 人）

Ⓐ 根本就不知道有演唱會
（475 人）

否：
40%
（10 人）

Ⓑ 知道有演唱會，但是沒去過
（10 人）

否：
0%
（0 人）

Ⓒ 去看過演唱會，但是不想再去
（0 人）

最後是一直都有來看演唱會的人數。他們回想前三場演唱會，觀眾席上大概都是哪些人。因為只有 15 個人左右，多多少少都還有點印象。「第二次和第三次可能都是同樣那些人，這麼說來，只要聽過我們的演唱會，應該都滿喜歡的吧。」

他們假設會繼續來看演唱會的觀眾有 100%。

這麼看來，他們的結論是，觀眾少的最大原因是「根本就不知道有演唱會」。

如果這個假設正確的話，想辦法讓大家都知道有演唱會，提高演唱會的「認知度」，觀眾自然就會增加。

我們來看看這個假設是否正確。

思考如何分析、蒐集資訊

　　確認假設是否正確的工作，我們稱為「檢證」，檢證需要作為判斷根據的資訊和分析。因此我們可能需要上圖書館查資料、向人打聽消息，也可能會需要計算工作。

　　要檢證茄子和魚板的假設，應該要蒐集哪些資料，做什麼樣的分析呢？

 演唱會觀眾少的原因為何？
各類別的比例又是如何？

　　我們再看一次前面第 61 頁的圖，茄子和魚板要調查 500 名師生歸類到 A 至 D 組的比例。

　　話說回來，要問齊 500 個人也不太可能，就算三個人分

工合作，每天問一個人，也得花上將近半年（167 天）的時間。那該怎麼辦才好呢？

茄子和魚板反覆思考後，做了一張問卷，交給各班班長，請他們在班上幫忙做調查。寫在紙上也太費功夫，所以他們請班長簡單地唸出問題，讓同學舉手回答就可以了。這樣的話，只要三分鐘左右便可以完成調查。

針對老師們所做的調查，就請校長代勞。

分析 ② 為什麼知道有演唱會，
卻不願意前往？

接著，要調查為什麼有人知道有演唱會，卻不願意前往。關於這個問題，如果沒有時間上的限制，可以詢問所有「知道有演唱會，但是沒去的人」，做大規模的問卷調查。這樣或許也不錯，不過事實上沒有必要做到這種程度，只要訪問五個人左右，就能夠得知其中大概了。

他們兩人在委託各班班長代為調查時，請他們記下「知道有演唱會卻未前往」的同學名字，稍後再替他們引見。

　　這個問題也只要訪問五個人左右，就可以得到答案了
吧。

　　藉著詢問觀眾對演唱會有什麼感想、有什麼優缺點，便
可以在訪談中得知該如何調整表演內容，以吸引觀眾再次前
往。

　　茄子和魚板到目前為止都假設所有觀眾都會繼續去演唱
會，但事實上，可能也有人只去一次就不再去了。如果發現
這類情形，詢問他不再前往的理由，也可以藉此研討出有效
的解決方案，吸引觀眾繼續去演唱會。

　　要注意的是，這些資訊的蒐集和分析，只是為了幫助自
己做出比較適當的判斷，所以沒有必要什麼都非得做到完美
不可。如果在分析時陷得太深，反而會忽略了原來的目的。

切記要在有限的時間內，有效率地蒐集資訊及分析，以利做出最佳判斷。

課題分析表

（該做的事一目瞭然）

　　當我們要解決問題時，如果不先確定具體的目標，就貿然開始蒐集資料或分析，可能會蒐集到完全派不上用場的資訊，或是被這些無用的資訊搞得頭暈腦脹。

　　這時候，只要先做一張「課題分析表」，所有該做的事就能一目瞭然，非常方便。「具體的課題為何？」「現階段的假設及根據為何？」「需要蒐集哪些資料來分析才能夠證明假設？」明確寫出這些項目的內容，問題獲得解決的可能性就會大幅提升。

　　此外，寫在紙上還有整理思緒的好處。清楚寫下要做的工作，就可以預防重複或是遺漏。換句話說，可以將工作內容縮減到最小、最必要的範圍。

　　茄子他們也做了一張像下頁的分析表。

課題分析表：找出原因

課題	假設	根據	分析及工作	資料來源
❶ 演唱會觀眾少的原因、各類別的比例為何？	應該沒多少人知道有演唱會	只跟班上幾個人說	▶分組調查：委託各班班長及校長協助進行	問卷調查
❷ 為什麼知道有演唱會，卻不願意前往？	對音樂沒興趣	喜歡音樂的人應該都會來吧（如果我知道有演唱會，一定會去看他們唱得如何）	▶訪問「不來演唱會」的人：向五位知道有演唱會，但是沒去過的人詢問理由	訪問
❸ 今後是否還願意來看演唱會？	曾經來過的觀眾應該都會再來吧	每次來的都是熟面孔，觀眾對演唱會應該都很滿意	▶訪問「是否還會來看演唱會」：詢問去過演唱會的人，今後再去的意願，以及不想再去的理由	訪問

分析❶ 各類別的比例為何？

　　各班班長和校長都爽快答應協助茄子兩人做調查，他們陸陸續續蒐集到不少的資料。

　　這所中學每年級有五班，三個年級總共就是十五班。另外還要加上老師們的資料，茄子和魚板分工合作，將這些資料統計出來。

　　師生（潛在觀眾）總計：500 人

　　問題❶是否知道有演唱會？
　　　　是：150 人（30%）、否：350 人（70%）

問題❷是否去過演唱會？

　　　　是：15 人（10%）、否：135 人（90%）

問題❸是否還會再去？

　　　　是：12 人（80%）、否：3 人（20%）

　　將統計結果帶入 A 到 D 組中，就能得到以下的結果（括號表示在全體 500 人中所占的比例）：

A　根本就不知道有演唱會：350 人（70%）
B　知道有演唱會，但是沒去過：135 人（27%）
C　去看過演唱會，但是不想再去：3 人（1%）
D　會繼續去演唱會：12 人（2%）

　　這樣就可以清楚看出回答「是」與「否」各有多少人，以及 A 到 D 組的人數了。

　　茄子和魚板本來的假設是，沒來看演唱會的人，是因為不知道有演唱會這件事；知道有演唱會，並且去看過的人約有六成。

但是，他們原本以為「知道有演唱會」的人只有5%，事實上卻有30%。他們最初告訴班上的同學，加上曾經看過演唱會的人再告訴朋友，口耳相傳之下，似乎已經有不少人知道這件事。

▌調查的結果

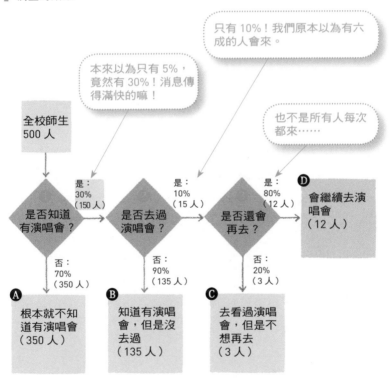

相反地，「知道有演唱會，並且去看過演唱會」這一項，茄子兩人以為知道的人當中，應該有六成的人會來，結果卻只有 10％。

　　也就是說，不少人知道有演唱會卻未前往，所以光是增加「知道的人」，看來並不能解決問題。他們必須去探討知道有演唱會卻未前往的原因，並且想出吸引觀眾的方法才行。

　　最後一項「會繼續去演唱會」的人數比例，雖然和他們的假設沒有相差太遠，但卻不是 100％，而是 80％。還是有人因為某種理由去看過一次就不想再去。

　　假設和調查結果經常會有若干出入。如果只照著假設去思考解決方案，實際行動之後，即使發現有錯，也沒有辦法更改了。因此，做出假設之後，還必須認真地、有效率地做調查和分析才行。

　　我們幫茄子和魚板所做的假設和分析結果做個比較，請看右頁圖表。

比較假設與分析結果

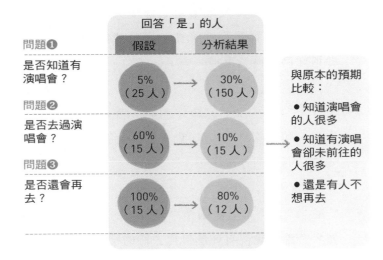

	回答「是」的人	
	假設	分析結果
問題❶		
是否知道有演唱會？	5%（25人） →	30%（150人）
問題❷		
是否去過演唱會？	60%（15人） →	10%（15人）
問題❸		
是否還會再去？	100%（15人） →	80%（12人）

與原本的預期比較：

- 知道演唱會的人很多
- 知道有演唱會卻未前往的人很多
- 還是有人不想再去

分析❷ 為什麼知道有演唱會卻不來？

　　從分析❶的調查結果中，茄子兩人發現「知道有演唱會，但是沒去過」的人數比預期的多，他們直接訪問了五位回答「知道有演唱會卻未前往」的人，向他們詢問理由。

- A 說：「有啊，我聽說了。你們好像每個月都會辦演唱會。為什麼沒去看？嗯⋯⋯因為不知道你們演唱哪種類型的音樂，而且說真的，也不知道你們唱得怎麼樣⋯⋯」

- B 說：「因為我不認識你們啊。我是知道有這件事，可是又不知道你們是誰，而且，我也不知道你們唱些什麼⋯⋯」

- C 說：「我可以直說嗎？中學生組的樂團，我認為大家都不覺得有什麼值得去聽的吧⋯⋯」

- D 說：「我想過要去耶，可是演唱會是中午對不對？我星期六要練棒球，中午根本沒辦法，應該很多人都是這樣吧⋯⋯」

- E 說：「我對音樂沒什麼興趣，平常就不怎麼聽音樂了，怎麼可能還專程去聽演唱會呢⋯⋯」

雖然理由因人而異，不過還是可以歸納成以下三點：

- 不知道唱得怎麼樣、不知道唱些什麼
- 時間無法配合
- 對音樂沒興趣

茄子和魚板心想:「原來如此……」

要求對音樂沒興趣的人來聽演唱會可能有困難,可是,能不能做些什麼,吸引「不知道唱得怎麼樣、不知道唱些什麼」和「時間無法配合」的人呢?

他們又多訪問了十個人,關於時間的問題,他們發現傍晚會比中午來得好些。

由於已經找到具體的原因,他們兩人覺得應該可以想出解決方案。

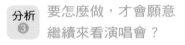 **分析 ❸** 要怎麼做,才會願意繼續來看演唱會?

最後的問題是「今後是否還願意來看演唱會」,他們又訪問了五個人。

- F 說：「Mushroom Lovers 很棒耶！你們一定要成名喔。到時候我還可以向別人炫耀，我從第一場演唱會就一直有去看！」

- G 說：「以後當然還會去啊。你們兩個人的演奏很棒，還有小蘑菇那個破鑼嗓子還真讓人感動呢！」

- H 說：「去看過演唱會的人應該都還算滿意吧。不過，第一次和第二次唱的歌都一樣，這樣下去，就算你們唱得很棒，觀眾還是可能會聽膩啊！」

- I 說：「茄子的吉他獨奏真是太帥、太棒了！以前我看你老是被小蘑菇呼來喚去的，覺得你很沒用，現在我對你刮目相看了。以後還會不會去看演唱會？嗯，星期六有的時候會有事，如果有時間，我一定去！」

- J 說：「你們唱得是不錯啦，可是表演模式都一樣，看幾次就膩了啊，你們自己不膩嗎？」

看來觀眾們的滿意度果然很高。茄子和魚板直接聽到觀眾們的感想，心裡也非常高興。聽到正面的評價，他們自然是很開心，受到嚴苛的批評，他們也可以虛心檢討今後可以怎麼改善。就這樣，他們心想：「不能辜負歌迷們的期待！」邁向專業音樂人的自覺已經在他們心裡悄悄萌芽了。

　　在這次的訪談中，他們得知每次都唱一樣的曲子，觀眾也會聽膩。所以不能都安排一樣的曲目，得多些變化才行。

　　他們又訪問其他只來了一次就沒再繼續的觀眾，有三分之二的受訪者也直言：「兩次都是一樣的曲目，沒有新鮮感。」他們必須商討一些對策來改善這個情況。

　　從分析看來，演唱會無法吸引觀眾的原因，也和原先的假設有相當大的出入。

　　茄子和魚板經過資料的蒐集和分析之後，了解到問題真正的原因所在，也開始覺得可以著手思考具體的解決方案。這麼一來，他們就更接近「吸引觀眾，把體育館擠爆，讓小蘑菇開心演唱」、「在滿場觀眾面前隨心所欲地演奏」，還有「成為專業音樂人」這些夢想了。

2A
列舉各種解決方案

　　茄子和魚板終於明白演唱會無法吸引觀眾的理由，但是如果因此就滿足，那麼先前所做的努力也等於是白費。他們必須想出能夠實際解決問題的方案才行。

　　在思考問題的原因時，他們兩人覺得最頭痛的就是：「不僅要讓大家知道演唱會的事，還必須做一些安排，才會吸引更多的人想去看看。」

　　因此他們兩人利用「分解樹」，首先將有關「宣傳方法」的點子，如下頁一一列舉出來。不只是直接向人宣傳，他們還想到可以利用報章媒體、公布欄、電子郵件等各種方法。

　　這項工作要注意的是，不要馬上就說：「報紙、廣播一定不可能的啦！」不要去否定想法的可能性，先把能想到的點子全部都列舉出來。從這裡開始發揮聯想力，腦海中或許

▌ 利用「分解樹」列出宣傳方法

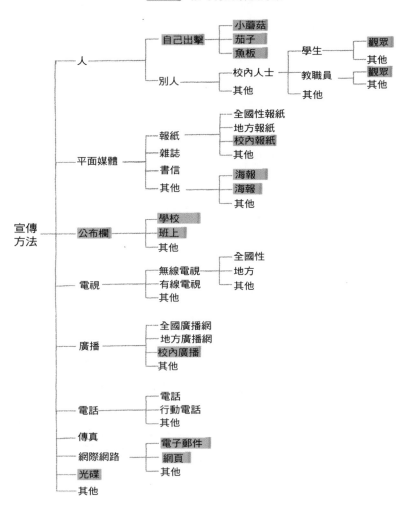

較可行的解決方案

就會浮現可行的點子。

　　實際上能否實現、是否有效這些問題，留待所有點子都列舉出來之後，再編排優先次序、縮小範圍就可以了。

　　茄子和魚板把所有想得到的點子都寫出來之後，再將看起來比較可行的方法加上標記。「利用這個宣傳方法，在什麼時候、什麼地方、傳達什麼樣的資訊呢？」他們兩人討論各種可能性之後，想出了幾個具體的解決方案。

　　還有，不只要達到「告知」的目的，還要「讓人想去」才行。也不是所有的解決方案都得如此，但是盡可能想出能夠一石二鳥的方法是最好的。

　　我們把點子列出一張表來看看，見右頁圖表。

　　茄子和魚板想出十個宣傳的點子，又根據分析❷和分析❸的訪問得知，不少人認為「礙於社團活動，沒辦法去看中午的演唱會」、「每次都演唱同樣的曲目，觀眾會沒有新鮮感」，參考了這兩項意見，他們又追加這類問題的解決方案。

│ 想到的解決方案

宣傳方法	解決方案	告知	讓人想去
自己出擊	❶ 到各班教室及教職員辦公室，借用班會一分鐘的時間，演唱主要曲目的副歌部分	✓	✓
觀眾	❷ 演唱會的最後，懇請觀眾下次帶朋友一起來	✓	✓
校內報紙	❸ 請校內報紙刊載相關的報導（團員三人的訪談、觀眾的感想、下次演唱會的訊息）	✓	✓
海報	❹ 製作帥氣的海報張貼在校園各處	✓	✓
傳單	❺ 製作演唱會的傳單，在上下學人多的時候發給同學（傳單背面刊載觀眾的感想及意見）	✓	✓
公布欄	❻ 在校園各處、教室及教職員室的公布欄寫上演唱會的日期及時間	✓	
校內廣播	❼ 請校內廣播播放 Mushroom Lovers 演唱的歌曲，並宣傳演唱會	✓	✓
電子郵件	❽ 傳送宣傳演唱會的電子郵件給全校師生	✓	
光碟	❾ 將自己演唱的歌曲錄製成光碟發送	✓	✓
網頁	❿ 製作網頁，介紹團員三人的基本資料及演唱會，並提供線上試聽曲目	✓	✓

⑪ 將演唱會的時間改到五點

⑫ 每次至少變化兩成的曲目，或是重新編曲

⑬ 每次都安排口才較好的魚板在曲目之間和觀眾聊
天

好，現在有十三個點子了，它們全部都可能實行嗎？

距離下次舉辦演唱會的日子只有一個月，就算三個人分
工合作，時間還是有限。十三個點子中，還有些看起來要花
不少錢的，三個人的儲蓄加起來也有限。

時間、金錢、人力都有限，這是他們必須要面對的現實
問題，有些方案做得到，有些就沒辦法了。重要的是，他們
必須從看來比較能夠得到效果的方案為優先才對。

2B
選擇最適合的方案

　　那麼,該如何選擇最適合的方案呢?考量的重點好像應該放在是否容易執行、效果如何。茄子和魚板畫一個有橫縱軸的「矩陣圖」,將所有的方案都列在圖上。

　　所謂「矩陣圖」,就是由行與列所構成的格子狀圖表,依照橫縱軸上所代表的意義,把各個項目標記在適當的位置,如此一來,各個項目間的關係就可以一目瞭然。這種矩陣圖在商業界也有廣泛的應用,是相當方便的圖表。

　　茄子和魚板畫的矩陣圖,縱軸代表方案執行後的「效果」,往上表示效果越高,往下則表示效果越低。

　　橫軸代表「執行的難易度」,往右表示容易執行,往左則表示不易執行。

想到的解決方案

❶ 到各班教室及教職員辦公室，借用班會一分鐘的時間，演唱主要曲目的副歌部分

❷ 演唱會的最後，懇請觀眾下次帶朋友一起來

❸ 請校內報紙刊載相關的報導（團員三人的訪談、觀眾的感想、下次演唱的訊息）

❹ 製作帥氣的海報張貼在校園各處

❺ 製作演唱會的傳單，在上下學人多的時候發給同學（傳單背面刊載觀眾的感想及意見）

❻ 在校園各處、教室及教職員室的公布欄寫上演唱會的日期及時間

❼ 請校內廣播播放 Mushroom Lovers 演唱的歌曲，並宣傳演唱會

❽ 傳送宣傳演唱會的電子郵件給全校師生

❾ 將自己演唱的歌曲錄製成光碟發送（將演唱會的消息附在盒子上）

❿ 製作網頁，介紹團員三人的基本資料及演唱會，並提供線上試聽曲目

⓫ 將演唱會的時間改到五點

⓬ 每次至少變化兩成的曲目，或是重新編曲

⓭ 每次在曲目之間或中場休息時，安排魚板的聊天時間

效果 vs. 執行難易度

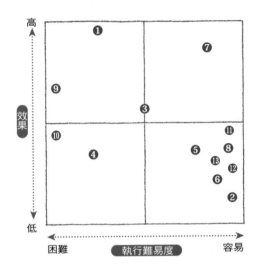

我們以「到各班教室及教職員辦公室，借用班會一分鐘的時間，演唱主要曲目的副歌部分」為例來看看。

這個點子不僅要大家知道演唱會的消息，還先唱一小段給大家聽聽看，引起大家的興趣之後，去聽演唱會的意願就會比較高。所以，他們預估效果應該很高。

但是，要跑遍三個年級的十五個教室和教職員室，得花上不少時間和工夫。而且事前必須先徵求老師和各班班長的同意，因此雖然效果很高，但是執行上頗費工夫。

　　根據這個判斷，茄子和魚板把方案❶定位在矩陣圖左上的方格裡。

　　相反地，❻「以公布欄宣傳演唱會」這一項，平常會去看公布欄的師生不多，所以效果可能很低。就算有人看了公布欄，「不知道唱得好不好」、「對不認識的歌手沒興趣」這些問題還是存在。

　　不過，這個點子在「執行難易度」上屬於非常容易。如果三個人分工合作，在校內全部的公布欄寫上演唱會的消息，大概也花不上半個小時吧。

　　因此，方案❻就定位在矩陣圖右下的方格裡。

　　定位在矩陣圖右側的都是容易執行的點子，也不花多少時間，不管效果高低，只要三個人分工合作就可以完成。

而在矩陣圖左邊的點子又如何呢？位於左上方格的點子雖然「不易執行」，但是因為「效果很高」，所以就算費點工夫也應該要做。不過左下方格的點子，「效果缺缺」而且「不易執行」，或許就可以將它們從執行計畫中刪除。

━━━

　　在這裡可以稍微停下來想一想，你是不是無形中認為所有的工作都得自己來才行呢？如果把這項前提拿開，會不會有更多的可能性呢？

　　以❹「製作帥氣的海報張貼在校園各處」為例，他們三個人對繪畫都不拿手，也不知道該怎麼製作海報，所以就把這一項定位在「效果缺缺」而且「不易執行」。

　　這時候，魚板想到：「對了，我們可以請擅長繪畫的久美幫忙啊！她一定可以幫我們設計出很棒的海報。」茄子也贊同：「好主意！」請久美幫忙的話，就可以做出「效果很高」的海報，而且「容易執行」。這麼一來，這個點子的位置就可以從左下搖身一變到右上了。

同樣地，對於❾「將自己演唱的歌曲錄製成光碟發送」，由於他們三個人都沒有製作光碟的經驗，所以把它定位在左上，但是應該可以請班上懂電腦的同學幫忙。

　　另外，小蘑菇班上的千子有自己的網頁，❿「製作網頁」應該可以請她幫忙。這麼一來，這一項也可以移到矩陣圖的右側了。

▌請高手幫忙，提高效果、降低困難度

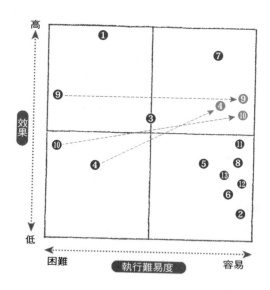

就這樣，借助其他同學的力量，十三個點子都可能實行了。

原本在矩陣圖左側和下方的點子，現在都可以移動到右上的方格裡。

自己拿手的事，總會有限度，但是一定有人比自己更厲害、效率更好，請他們幫忙，就可以做出更棒的東西。借助高手的力量，執行也變得簡單又迅速了。

幾個人合力完成一件工作是很開心的事，而且如果這是個規模不小的工作，那種喜悅更是無以言喻。

有的時候，可能因為時間的限制，或是找不到勝任的人，或許就無法實現所有的點子。遇到這種情況，優先執行矩陣圖右上的方案為基本原則，其次再選擇左上及右下，最後取消左下方格裡的方案。

2C
定下執行計畫

　　執行的方案已經底定，短期間內要做許多工作，為了防止遺漏或失誤發生，他們還必須做一份完善的執行計畫。

　　執行計畫的具體內容有哪些呢？每一項方案該由誰負責、執行的時機等等，都要一一寫出來，從演唱會的日期往前推算，明白地寫出什麼時候要完成哪些工作。

　　比如說，傳單和海報至少要在演唱會兩週前就發送、張貼，如果時間太緊迫，就算有人看到傳單或海報，想去聽演唱會，卻可能已經安排了其他活動而無法前往。

　　訂定時間表，最好像這樣逆向推算執行的時間，否則重要的工作與不怎麼急迫的工作混在一起，拖延了執行的時機，到頭來只是白忙一場。

養成這種好習慣，要解決龐大的問題，或是多人一起執行的工作，都可以簡單完成。

▌執行計畫

宣傳方法

❶到各班教室及教職員辦公室，借用班會一分鐘的時間，演唱主要曲目的副歌部分

- 取得校長及各班班長的許可
- 到各班教室及教職員室宣傳演唱會並演唱

❷演唱會的最後，懇請觀眾下次帶朋友一起來

❸請校內報紙刊載有關 Mushroom Lovers 的報導

- 委託校內報紙的總編輯
- 接受採訪
- 校內報紙發行當日

❹製作帥氣的海報張貼在校園各處

- 向校長取得張貼海報許可
- 委託久美製作海報
- 製作海報
- 張貼海報

❺製作演唱會的傳單，在上下學人多的時候發給同學

- 蒐集觀眾的感想意見
- 製作傳單
- 發送傳單

❻在校園各處、教室及教職員室的公布欄寫上演唱會的日期及時間

負責人	第一週	第二週	第三週	第四週
三人分工	▬			
三人共同	▲▲	▲▲▲▲	▲▲▲▲	▲▲▲▲
小蘑菇				▲
茄子	▪ ▪ ▪			
三人共同	▬ ▬ ▬			
			▲	
小蘑菇	▲			
魚板	▲			
久美		▬▬▬▬		
三人分工			▲	
三人分工		▬▬		
茄子			▬▬	
三人共同				▲
三人分工			▲	

（接下頁）

❼請校內廣播播放 Mushroom Lovers 演唱的歌曲，並宣傳演唱會

- 取得廣播社老師的許可

- 委託播放演唱曲目及宣傳

❽傳送宣傳演唱會的電子郵件給全校師生

- 向校長及各班導師取得許可

- 傳送電子郵件

❾將自己演唱的歌曲錄製成光碟發送

- 尋找可以幫忙製作光碟的人

- 製作光碟

- 發送光碟

❿製作 Mushroom Lovers 網頁

- 委託千子製作網頁

- 製作網頁

- 上傳網頁

⓫將演唱會的時間改到五點

（三人商討後決定）

⓬每次至少變化兩成的曲目，或是重新編曲

- 決定下次演唱會的新曲目和重新編曲的曲目

- 練習新曲目和重新編曲過的曲目

⓭每次在曲目之間或中場休息時，安排魚板的聊天時間

- 思考演唱會上要聊的話題

演唱會當天

小蘑菇	▲			
小蘑菇			▲	
小蘑菇	▲			
魚板			▲	
三人分工	▬▬			
三人＋朋友		▬▬		
三人分工			▬▬	
小蘑菇	▲			
千子＋三人	▬▬▬▬▬▬			
千子			▲	
三人共同	▲			
三人共同		▬		
三人共同		▬▬▬▬▬▬▬▬		
魚板	▬▬▬▬▬▬▬▬			
				▲

演唱會結果如何呢？

後來，Mushroom Lovers 有什麼改變呢？

第四場演唱會，小蘑菇全心演唱最後一首曲子，這首〈三個人〉是他們自己的創作，也是他們最喜歡的一首歌。這時體育館像是按下電視機的靜音鍵一般，全場鴉雀無聲，大家都靜靜地聽他們演唱。

演唱完畢，他們三人深深地一鞠躬，全場還是一片寂靜，約莫過了二十秒，三個人一起抬起頭來，盛大的掌聲震撼了整座體育館。

是的，他們的努力有了回報，演唱會的觀眾成功地增加到兩百人以上，他們三人將大家一起捲入感動的漩渦之中。

「小蘑菇！小蘑菇！」「魚板！魚板！」「茄子！茄

子！」歡呼聲此起彼落……

他們看著彼此靦腆的表情，流下感動的眼淚。小蘑菇看到茄子和魚板的眼淚，原本以為她會說：「喂！魚板、茄子，你們很沒用耶，不要哭了，真是沒出息……」沒想到小蘑菇顧不得自己也已經哭得不成人型，突然向他們兩人一鞠躬：「真的很謝謝你們！」

▌第四場演唱會的成果

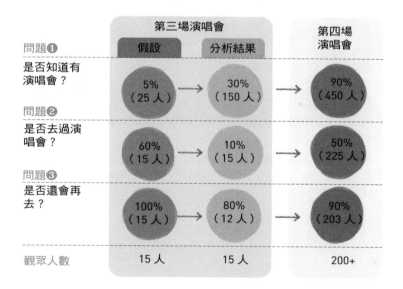

CHAPTER 3

正確設定目標，就能一步步達成！

將大夢想分成幾個小目標

解決問題小子心中都會有個具體的目標，當他們想要成就一個大夢想時，會同時定出長期目標和短期目標。

這幾年要做些什麼、這幾個月要怎麼做、今天的工作等等，他們會訂定具體的目標並想好達成的方法，然後再採取行動。

這次我們要看的是，夢想成為動畫導演的太郎為了得到電腦的故事。

為了達成「買電腦」這個目標，他大略定出以下幾個階段：

❶ 設定目標
❷ 認清目標與現實的差距

❸ 提出假設

3A 列舉各種選擇

3B 縮小選項範圍，提出假設

❹ 確認假設是否正確

4A 根據假設蒐集資訊

4B 分析資料並確認

設定目標和假設其實不是什麼困難的事。就像第 2 章中茄子等人所做的一樣，從身邊可以輕易達成的事開始。

接下來，我們就和太郎一起思考吧。

成為動畫導演的夢想，
可能實現嗎？

大家好，我是太郎。現在學校正在放暑假，我和好友雅美去看了一部好萊塢的動畫電影。

看完電影後，我非常感動，不只是動畫的影像，故事情節也很棒。我開始夢想將來可以成為好萊塢的動畫導演。或許哪天可以在報紙上看到這樣的標題：

「世界的太郎獲頒奧斯卡獎項！」哇，那真是太酷了。

不過這只是做做白日夢，我連電腦都沒有呢。對了，我要買一部電腦，可以做耶誕卡、賀年卡，這樣的話，我應該在十二月以前擁有一部電腦才行。仔細想想，只剩半年的時間。

電腦可不便宜，前陣子才拜託媽媽幫我買了新手機，現在再要求買電腦，我看是不太可能。這次我得自己想辦法才行……

我現在身上到底有多少錢呢？

每個月的零用錢是 600 元，還有每個星期六幫鄰居遛狗，每次會給我 60 元，一個月下來就有 240 元，存款裡還有上次剩下的壓歲錢 4,000 元。

可是，平常買買 CD、遊戲之類的，也會花掉不少，存不了什麼錢。算一算每個月平均要花 290 元。照這樣下去，半年內是買不起電腦的……

1
設定目標

首先是設定目標。以太郎來說，他應該定下什麼樣的目標呢？請大家也想想看。

有哪些可能的答案呢？

可能很多人會簡單地寫下：「我想要電腦！」「我要買電腦！」

但這還不算是設定目標。目標如果不能達成就沒有意義，如果寫得不清不楚，根本不知道該怎麼做才能夠達成，所以「做什麼」、「花費多少」、「最慢什麼時候」、「怎麼做」等等，盡可能具體寫出來是相當重要的。

我們先看看好與不好的例子。

Bad 「我想要電腦！」
　　　「我要買電腦！」

Good 「該怎麼做，我才能在半年之內，不向人借
　　　貸，自己存夠錢，買一部櫻花公司製造、價
　　　值 12,000 元的二手電腦呢？」

　　不好的例子就是內容不清不楚，也不知道該從何做起。隨便想想的解決方案，也往往不夠具體。

　　好的例子則是能夠明確地知道要做什麼、該從何做起。寫出具體的目標（櫻花公司製造、價值 12,000 元的二手電腦）、條件（不向人借貸）、期限（半年之內）等，這樣才能有所依循，思考具體的解決方案。

　　如果不清楚自己想買「多少錢的電腦」，就不知道該存多少錢。電腦也有分適合文書工作或繪圖的，還有畫面、音效等機能較好的機種，價格或許就比較高。

　　當然，全新電腦和二手電腦的價格也不一樣。先到店裡或是上網查查看，這樣也可以確定要買的機種。

其次是該做的事（解決方案）也會因為「最後期限」而有所不同。比如說，如果是三年後或五年後，可能慢慢存下每個月的零用錢就可以了。但是，太郎只有半年的時間，他就需要其他的解決方案。

同樣地，再加入「怎麼做才能達成目標」、「該做些什麼」等和「行動」有關的項目，就可以想出更具體的解決方案。

也可以反向操作，加入「不要○○」、「避免○○比較好」等限制條件也是不錯的方法。以太郎來說，「不向人借貸」就是個好例子。

目標越具體，解決方案也比較能夠得到效果，實現的可能性也越高。

這一階段的重點是，不要只在腦海中思考，實際寫在紙上，「什麼樣的」、「什麼時候」、「要怎麼做」、「為什麼」等等，可以用自問自答的方式一一記下來。

2
認清目標與現實的差距

目標設定好之後，先確認一下目標與現況之間有多大的差距。

如果差距很小，或許馬上就可以想出解決方案。如果是差距很大、無法簡單達成的目標，就必須思考各種方案了。

我們來看看太郎的情形。

太郎的現況是，存款有 4,000 元，每個月零用錢是 600元，每星期幫鄰居遛狗一次可以得到 60 元（一個月 240 元），所以太郎每個月的收入有 840 元（600 ＋ 240）。

而他每個月的平均支出是 290 元。

照這樣下去的話，距離半年後的目標他還不夠 4,700 元。

█ 差額分析 1

半年後的存款與電腦的價格
相差 4,700 元

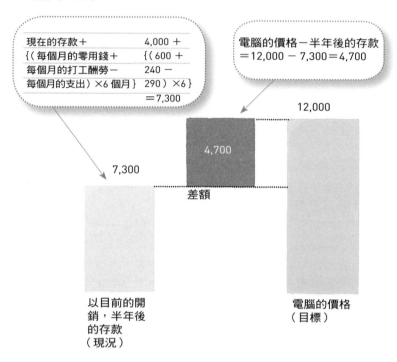

現在的存款＋　　　　 4,000 ＋
{（每個月的零用錢＋ 　{（600 ＋
每個月的打工酬勞－ 　　240 －
每個月的支出）×6 個月} 290）×6 }
　　　　　　　　　　　 ＝7,300

電腦的價格－半年後的存款
＝12,000 － 7,300＝4,700

12,000

4,700

7,300

差額

以目前的開
銷，半年後
的存款
（現況）

電腦的價格
（目標）

3A
列舉各種選擇

> 想買的電腦決定好了，期限也定在半年之內，接下來要想想存夠 12,000 元的方法。可是，我該怎麼做才好呢？光是嘴上説説也想不出什麼好點子，怎麼辦呢……

太郎已經設定好目標：「該怎麼做，我才能在半年之內不必向人借貸，自己存夠錢，買一部櫻花公司製造、價值 12,000 元的二手電腦呢？」也知道照目前的存款速度，半年後仍然不夠 4,700 元。

那麼，他該怎麼做才好呢？

我們先提出假設，看看有哪些可能可行的解決方案。各位心裡有沒有浮現什麼點子呢？

- 「拜託媽媽買。」
- 「中彩券就可以買了。」
- 「忍耐不要亂花錢，減少支出。」
- 「增加存款。」

突然被要求想出解決方案，一時之間能想到的也不多吧。

通常，能夠浮現腦海的，不外乎過去曾經見過、聽過或是經驗過的事。「過去從來沒存到這麼多錢，不可能啦！」可能有人馬上就想放棄了。但是，如果我們利用第一章介紹過的「分解樹」，就可以想出各種解決方案。

一開始可以把想到的點子全部寫下來，之後再將不可行的刪去就好了。起初想到的好點子越多，就越有可能浮現可以實現目標的好方案。

太郎畫了下頁的「分解樹」。

首先，太郎的點子可以大致分為「增加收入」與「減少支出」兩大類。其次是考慮「如何」增加收入，他想到可以「向人要錢」或是「自己賺錢」。

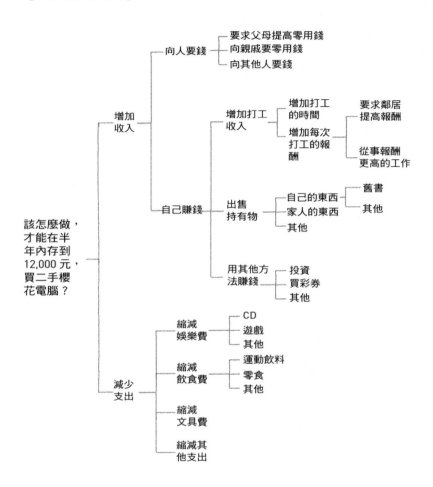

太郎的「分解樹」

另外，在減少支出方面，也要想想看可以縮減哪些開銷。例如飲食、娛樂、文具等，可以依項目類別來思考。

　　諸如此類，「找什麼對象」、「用什麼方法」、「具體舉出有哪些項目」、「其他還有哪些方法」等，反覆地自問自答，不僅可以多方思考解決方案，同時也使這些方案更加具體。

　　最後要注意一點，不要拘泥於畫出一顆完美的大樹，畫「分解樹」的目的，只是要盡可能提出具體的點子，而不會遺漏或重複。

3B
縮小選項範圍，提出假設

　　接下來，我們要將點子無限延伸的「分解樹」縮小選項。不可能全部的點子都得以付諸實行，因此我們要將不能實現的、無法期待效果的、過度浪費時間的，一一刪除。

　　另外，不符合自己價值觀的、有別於自己行事風格的，也都一併刪除，因為就算勉強自己去做，也無法持續下去。以太郎來說，這次他下定決心要自己存錢，所以把「要求父母提高零用錢」或是「向親戚要零用錢」等方法都刪掉了。

　　還有，學校的課業和社團活動都不能鬆懈，所以他也不想「增加打工的時間」。

　　我們根據縮小範圍後的「分解樹」來提出假設。

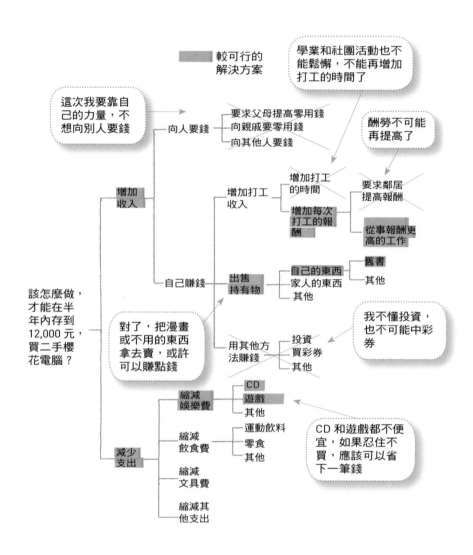

■ 較可行的解決方案

這次我要靠自己的力量，不想向別人要錢

學業和社團活動也不能鬆懈，不能再增加打工的時間了

酬勞不可能再提高了

我不懂投資，也不可能中彩券

對了，把漫畫或不用的東西拿去賣，或許可以賺點錢

CD 和遊戲都不便宜，如果忍住不買，應該可以省下一筆錢

該怎麼做，才能在半年內存到 12,000 元，買二手櫻花電腦？

增加收入
　向人要錢
　　要求父母提高零用錢
　　向親戚要零用錢
　　向其他人要錢
　自己賺錢
　　增加打工收入
　　　增加打工的時間
　　　增加每次打工的報酬
　　　　要求鄰居提高報酬
　　　　從事報酬更高的工作
　　出售持有物
　　　自己的東西
　　　　舊書
　　　　其他
　　　家人的東西
　　　其他
　　用其他方法賺錢
　　　投資
　　　買彩券
　　　其他

減少支出
　縮減娛樂費
　　CD
　　遊戲
　　其他
　縮減飲食費
　　運動飲料
　　零食
　　其他
　縮減文具費
　縮減其他支出

太郎提出的假設是：「暫時忍住不買 CD 或遊戲、出售已經不用的舊書、從事報酬更高的工作，這樣的話，半年內應該就可以買到二手的櫻花電腦。」

我們可以根據以上假設畫一顆「假設樹」。假設樹看起來和「分解樹」很類似，不過它的作用是整理思考邏輯。

由於在這個階段，我們還不知道太郎的想法是否正確，所以這些點子都還只是假設，不能算是解決方案。

▌假設樹

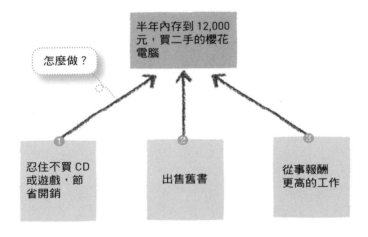

但是換個角度，提出假設就可以清楚知道該做什麼調查，比起漫無目的地蒐集資訊來得輕鬆多了。

　　例如，雖然太郎想「從事報酬更高的工作」，但是不去調查的話，也不知道到底有沒有其他工作可以拿到比現在遛狗一次 60 元還高的酬勞。

　　這時如果先提出假設，就可以去調查相關資訊，例如：「幫別家遛狗，可以拿到多少錢呢？」「對了，上次好像聽佑介說他在哪裡打工，一次有 160 元……」也比較知道該怎麼做。

　　如果假設不對也沒有關係，因為發現錯誤的話可以馬上修正。

　　在做重要的判斷時，實際去做做看，或是調查看看，乍看之下好像在繞遠路，其實結果卻是實現目標的捷徑。

假設樹

（整理思考邏輯）

　　開始蒐集資訊之前，先利用「假設樹」明確寫出暫時的結論及其根據。如此可以具體知道應該求證哪些事項，以及需要蒐集哪些資訊。如果沒有充裕的時間蒐集資訊，必須馬上做出決斷的話，假設樹也可以用來確認思考方向是否偏離結論。

　　只要養成習慣，這並不是一件困難的事。讓我們來做個練習，重新排列以下的方塊，畫一棵假設樹。

問題❶

| 社團活動很開心 | 校園生活很開心 | 午休、下課很開心 | 上課很開心 |

問題❷

| 鮪魚是魚類 | 鮪魚是魚類，所以很會游泳 | 魚類都很會游泳 |

畫好了嗎？我們來看看答案。

問題❶稱為並列型，就是把結論和根據並排在一起。「校園生活很開心」是結論，「上課很開心」、「社團活動很開心」、「午休、下課時間很開心」這三項則是根據。

這三個項目都是同一個等級，沒有優先順序的問題，即使多一個或少一個也不會改變任何一項與結論之間的關係。這就是並列型的特徵。

問題❷則是解說型，又稱為三段論法，兩項前提引導出結論。「魚類都很會游泳」和「鮪魚是魚類」為前提，兩項合在一起就得出「鮪魚是魚類，所以很會游泳」這個結論。

在這種情況下，少一個前提就無法得到結論。

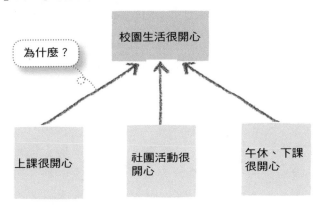

下段的方格即使少了一個，整體的結構仍然成立

▍問題❷的解答範例

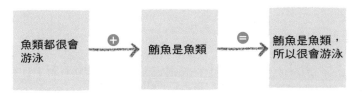

兩項前提缺一不可

4A
根據假設蒐集資訊

我是太郎。我利用「分解樹」和「假設樹」提出了
這樣的假設：「只要我忍住不買 CD 或遊戲、出售
不要的舊書、從事報酬較高的工作，就可以在半年
內買到二手的櫻花電腦。」

但是我還不知道這個假設正不正確，我該怎麼辦，
才能證明這個假設是正確的呢？

　　我們就來檢證一下吧。太郎的假設是：「不買 CD 或遊
戲可以省下不少錢。」這個想法正確嗎？

　　要證明這個想法是否正確，我們必須分析「原本花多少
錢買 CD 和遊戲」、「不買 CD 和遊戲的話，有多少錢可以
轉作儲蓄」。

這項分析需要回想最近（例如前三個月）買了什麼。還要調查每個月花了多少錢，CD和遊戲又占其中多少比例。

檢證假設時要盡可能根據實際的數字或資料。經常有人憑感覺判斷，其實都與事實不符。

▌太郎的「課題分析表」

課題	假設	根據	分析作業	資訊來源
❶可以縮減多少開銷？	不買CD和遊戲應該可以節省五成的支出	我買的東西裡就屬CD和遊戲最花錢	▶支出分析：回想過去買了什麼，分析可以節省多少錢	▶回想過去三個月的支出
❷出售舊書可以賺多少錢？	可能只能賺100元	除了漫畫以外，好像也沒有東西可以出售	▶尋找可出售物品：找找房間或家裡的倉庫，看看有沒有什麼可以出售 ▶調查可以賣多少錢：詢問舊書攤，可以賣多少錢	▶自己的房間、家裡的倉庫 ▶詢問舊書攤老闆
❸以不增加工作時間為原則，可以增加多少報酬？	換個工作，能不能一次賺200元	我好像聽過佑介在哪打工，一次有160元	▶調查朋友的打工酬勞：找五個朋友詢問他們的打工酬勞 ▶調查附近的打工機會：詢問五位鄰居有沒有提供報酬更高的打工機會	▶詢問朋友 ▶詢問附近鄰居

那麼，我們該分析什麼呢？分析的時候又需要哪些資訊、該如何得到這些資訊呢？這裡也和第 2 章一樣，太郎利用「課題分析表」來做整理。

如此一來，該做哪些事都一目瞭然。太郎歸納出下列五項必要事項。

- 分析支出
- 尋找可出售的物品
- 調查可以賣多少錢
- 調查朋友的打工酬勞
- 調查附近的打工機會

4B
分析資料並確認

我是太郎，證明假設所需要的資訊總算蒐集完畢了。我問了朋友們的打工行情，也回想出過去都把錢花到哪裡，需要的資訊全部都到齊了。

可是光是把這些資訊列出來，我還是不知道該怎麼辦。我得好好想想，這些資訊到底有什麼意義才行。

蒐集完資訊以後，就要進入分析作業。利用圖表整理，可以清楚知道這些資訊所代表的意義。

分析工作如果不曾親自嘗試，不太容易抓到其中要領，我們就以太郎的例子，實際畫出圖表，討論其中的意義。

太郎為了買電腦還需要籌措 4,700 元，他提出假設，認

為只要完成「減少 CD 和遊戲的支出」、「出售舊書等不用的物品」、「提高打工酬勞」這三件事，就可以達成目標。

要證明這個假設是否正確，我們必須確認以下三點事項：

分析❶：每個月可以節省多少開銷？
分析❷：出售不用的物品可以獲得多少收入？
分析❸：打工酬勞能夠提高多少？

 每個月可以節省多少開銷？

首先，我們從過去的支出內容開始分析。

太郎努力回想過去三個月所有的開銷。

「上個月我買了 160 元的遊戲，兩個月前花了 200 元買 CD，其他還花了什麼錢呢？每個禮拜社團活動結束後，我會買一罐 20 元的運動飲料，一個月就要花 80 元，還有不能少的漫畫和零食……」

下頁就是太郎回想出來的開銷內容。

一個月前的支出		兩個月前的支出		三個月前的支出	
運動飲料（罐）：20		運動飲料（罐）：20		運動飲料（罐）：20	
運動飲料（罐）：20	80	運動飲料（罐）：20	80	運動飲料（罐）：20	80
運動飲料（罐）：20		運動飲料（罐）：20		運動飲料（罐）：20	
運動飲料（罐）：20		運動飲料（罐）：20		運動飲料（罐）：20	
漫畫：70		漫畫：70		漫畫：70	
零食：20		零食：20		零食：20	
遊戲：160		CD：200			
合計 330 元		合計 370 元		合計 170 元	

一個月平均支出額為（330+370+170）÷3＝290 元

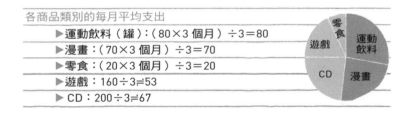

各商品類別的每月平均支出
- ▶運動飲料（罐）：（80×3 個月）÷3＝80
- ▶漫畫：（70×3 個月）÷3＝70
- ▶零食：（20×3 個月）÷3＝20
- ▶遊戲：160÷3＝53
- ▶ CD：200÷3≑67

從上面圖表我們可以得知太郎平均一個月要花 290 元。

此外，他還以運動飲料或漫畫等商品類別來計算，藉此得知每項開銷的金額。買運動飲料花了 80 元、買漫畫花了 70 元，乍看之下消費昂貴的 CD 並不是經常購買，以平均值

來看，一個月才 67 元。

太郎最初以為大部分的零用錢都花在買 CD 和遊戲，但其實，單價便宜的運動飲料和漫畫的開銷比 CD 或遊戲多出許多。

像這樣查證事實或數字、資料，可以有效避免誤解或想像所導致的錯誤。

這時太郎開始煩惱是否該控制運動飲料和漫畫的支出。

「可是，社團活動結束後口很渴，大家都會在自動販賣機買飲料，我一定會忍不住的。不看漫畫的話，就跟不上朋友們討論的話題，而且我每個禮拜都很期待漫畫出刊，還是很想看啊……」

看來太郎還是有些事情可以節制，有些卻是怎麼也無法割捨。

可以節制的
● 買 CD
● 買遊戲

無法割捨的

- 社團活動之後的運動飲料
- 購買最喜愛的漫畫
- 買零食

　他決定，除了考慮「支出額」的多寡之外，再加上「是否能夠割捨」作為判斷的根據。

　這裡也和第 2 章一樣，使用橫縱兩軸的「矩陣圖」來整理，就可以清楚知道刪除項目的優先次序。請看下頁的圖。

　從金額來看的話，放棄運動飲料和漫畫是最有效的方法，但是太郎卻怎麼也無法忍耐。如果是 CD 和遊戲，原本就屬於高額消費，也可以暫時不買，所以他決定刪除這一部分的支出。

　不過，光是這樣還不夠，似乎還是有必要思考減少支出的方法。

　這時太郎絞盡腦汁，總算想出一個好方法了！不買罐裝運動飲料，改買運動飲料的粉末泡在水壺裡，既可以節省開銷，又兼顧運動完口渴的問題。

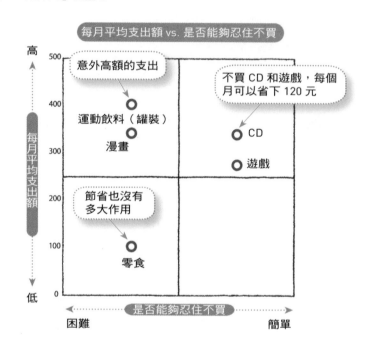

漫畫也可以和朋友合資購買，這樣就可以只花一半的錢。也就是說，可以省下五成的支出。

太郎把可以節省下來的金額做成右頁的一覽表。如此一來，太郎每個月的支出額從 290 元縮減為 95 元，半年（六個月）就可以省下 1,170 元。

支出項目	對策	月平均開銷（元）		
		過去	今後	刪減金額
運動飲料	改用粉末（刪減 50%）	80 →	40	40
漫畫	和朋友合資購買（刪減 50%）	70 →	35	35
CD	忍耐（刪減 100%）	67 →	0	67
遊戲卡	忍耐（刪減 100%）	53 →	0	53
零食	照常購買	20 →	20	0
	合計	290	95	195

他再把所需填補的不足金額 4,700 元減去 1,170 元後，發現雖然縮減開銷省下的金額比預期多，但還是有 3,530 元的差額。

差額分析 2

縮減開銷後還差 3,530 元

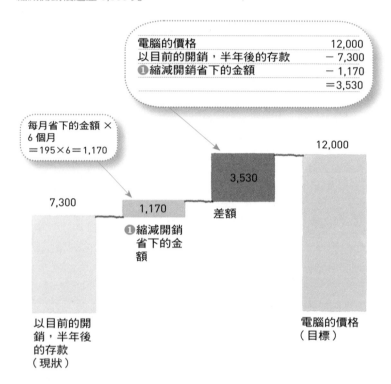

電腦的價格　　　　　　　　　　　　12,000
以目前的開銷，半年後的存款　　　－ 7,300
❶縮減開銷省下的金額　　　　　　－ 1,170
　　　　　　　　　　　　　　　　＝3,530

每月省下的金額 ×
6 個月
＝195×6＝1,170

7,300

1,170

❶縮減開銷
省下的金
額

差額

3,530

12,000

以目前的開
銷，半年後
的存款
（現狀）

電腦的價格
（目標）

即使節省支出，距離目標金額 12,000 元還是不夠 3,530 元，太郎試著在自己的房間和家裡的倉庫找找看是否有可以高價出售的不用物品。

首先，他找了找自己房裡和家裡的書架，發現一些已經不看的漫畫、繪本，以及沒人在用的百科全書。他向舊書店詢問行情，這些全部可以賣 400 元。

接著，他又從家裡的倉庫中翻出小時候的棒球手套、爸爸高爾夫球賽拿冠軍時得到的獎品球袋，還有已經沒有人穿的童裝。

他問媽媽是不是可以出售這些東西，以籌措購買電腦的費用。媽媽也說：「好啊，我剛好想處理這些東西呢。」

太郎心想：「這個高爾夫球袋可以賣個好價錢吧。」他向二手店的老闆詢價，得知球袋可以賣 400 元。

「這樣就有 800 元了。」

他想到棒球手套和童裝可以送給朋友的弟弟，因此打消了出售的念頭。

這麼一來，距離目標的 12,000 元還差多少呢？

看來還有 2,730 元的差額。

「好，我再找找高收入的打工。」太郎心想。

賣掉舊書和高爾夫球袋，
還是不夠 2,730 元

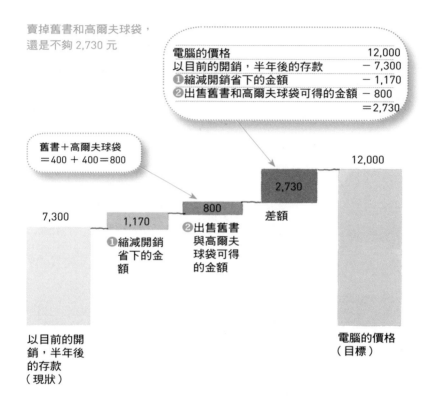

電腦的價格　　　　　　　　　　　　　12,000
以目前的開銷，半年後的存款　　　－ 7,300
❶縮減開銷省下的金額　　　　　　－ 1,170
❷出售舊書和高爾夫球袋可得的金額 － 800
　　　　　　　　　　　　　　　　＝2,730

舊書＋高爾夫球袋
＝400 ＋ 400＝800

12,000

2,730

差額

7,300

1,170

800

❶縮減開銷
省下的金
額

❷出售舊書
與高爾夫
球袋可得
的金額

以目前的開
銷，半年後
的存款
（現狀）

電腦的價格
（目標）

分析 ❸ 打工酬勞能夠提高多少？

要分析打工酬勞可以提高多少，必須先調查有哪些打工機會可以得到比較高的工資。

太郎先向五個朋友詢問他們打工的內容和工資：

- 和美：保母　60 元
- 明美：在媽媽的英語教室幫忙　120 元
- 永男：遛狗　40 元
- 佑介：製作網頁　160 元
- 光一：洗車　40 元

這麼看來，只有兩個人打工的報酬多於 60 元。佑介從小學開始就會製作網頁，而明美是國外回來的，他們的工作都是需要懂得電腦或英語等特別知識。

另外，太郎也發現也有人幫忙遛狗，但是工資才 40 元。

接著他又在附近打聽了一下，不過行情大概都差不多。找不到比 60 元還高收入的工作機會。

- 笹川家：割草　60 元
- 小暮家：遛狗　60 元
- 岩谷家：打掃玄關　40 元
- 阪本家：擦窗戶　40 元
- 山口家：遛狗　60 元

　　這時候可不能輕言放棄，仔細一看，提供 60 元請人遛狗的有兩家，太郎現在已經幫一家人遛狗，如果再加上另外兩家，同時遛三條狗，就可以獲得 120 元的酬勞！

縮減支出、賣掉舊書和高爾夫球袋，
再加上同時遛三條狗，半年後就可以買電腦了

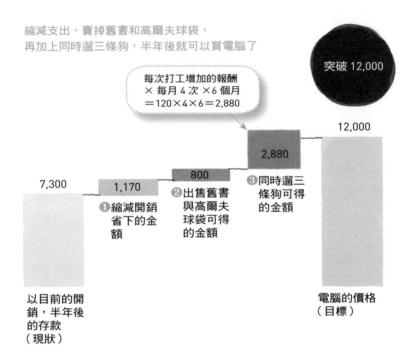

每次打工增加的報酬
× 每月 4 次 ×6 個月
＝120×4×6＝2,880

突破 12,000

12,000

7,300

1,170

❶縮減開銷
省下的金
額

800

❷出售舊書
與高爾夫
球袋可得
的金額

2,880

❸同時遛三
條狗可得
的金額

以目前的開
銷，半年後
的存款
（現狀）

電腦的價格
（目標）

一次可以增加 120 元，每個禮拜一次，一個月四次，就可以增加 480 元的收入。太郎自己也很得意想到這個好點子。

這樣的話，半年的收入就增加了 2,880 元，剛才算出來的差額是 2,730 元，半年後就可以買下心儀的電腦了！太棒了！

接下來只剩執行，
卻是最重要的事

我是太郎，謝謝大家陪我一起思考。雖然分析很困難，但是我終於找到買電腦的方法了。只要做到這三件事，半年後我就可存到買電腦的錢。這是我第一次靠自己的力量，這麼仔細地思考一件事呢。

這種思考方法可以應用在很多事情上，現在我覺得好像已經沒有什麼事能難倒我了。成為動畫導演，或許不會只是一個夢想。

不過，在這裡也還不能自滿，因為還有最後「執行」這一關。光是紙上談兵，然後就沒了下文的話，什麼也不可能實現。

目標是否能夠達成取決於「訂立完善的計畫」×「徹底

執行」這個算式。一個完善的計畫，如果不去執行就等於空談，而估算錯誤的計畫就算拚了命去執行，也無法達到目標。

要確實執行解決方案，最好事先計畫好什麼時候要做什麼事。我們做各種分析、思考解決方案，都是為了要達成目標。解決方案要一步一步落實於行動，需要訂下時間表，把每個步驟排入日程。

還有，計畫進行當中也不要忘記隨時確認存了多少錢，或是進行到哪個步驟。

與其猜測：「應該存了不少了吧⋯⋯」不如明確知道：「還差 1,000 元！」具體知道距離目標還剩下多少距離，就更能夠堅持到最後。

說不定快達到目標的時候，鄰居通知：「我們家不用遛狗了。」工作突然減少的事也有可能發生。如果是這樣的話，就得趕快找新的工作，不然就是要想其他的辦法才行。

什麼？沒辦法？

沒這回事！如果你都走到這個階段了，絕對可以再想出

新的點子來。不管怎麼說，你已經有過提出假設、蒐集資訊，以及分析的經驗了，只要用同樣的方法再思考一次就可以了。

做任何事情都不太可能百分之百照著最初的計畫進行，學業、社團活動也一樣，而突破這種狀況的方法，各位都已經知道了。

自己思考、決策、執行，然後一切就會有結果 —— 一旦經歷這整個過程，就會知道其中的痛快之處。

從現在開始養成自己解決問題的習慣，靠自己開創人生。

專欄

善用決策，做出正確的選擇！

各位平常做決定或是排列優先次序的時候，都是怎麼做的呢？我想大多數的人都不會想太多，就從腦海中自然浮現的事情開始決定吧。

但如果利用以下兩項工具，就可以做出比隨機思考更優質的決策。

❶「優缺點」表
❷「評價軸 × 評價」表

使用這兩項工具實際在紙上作業，不僅可以記住可能忘記的事項，也可以冷靜地進行比較，結果就可以做出更優質的決策。

我舉個例子來說明。

小南計畫到美國留學一年。她即將面對的問題就是：「應該選擇哪一所學校？」

她要怎麼做決定呢？

「優缺點」表

這是針對所有想到的選項列舉出它們的優缺點，以做出正確決策的方法。

步驟 1：列舉所有可能的選項

首先要列舉出所有可能的選項。

以小南來說，在美國眾多學校當中，她認為 A 校、B 校及 C 校最有可能。

步驟 2：針對各個選項，寫出優缺點

接著要針對各個選項，盡可能照心裡所想的寫出優缺點。這個步驟要把握的重點是，從各種觀點切入，盡可能列舉出它們的優缺點。

小南也針對 A 校、B 校及 C 校寫下右頁的優缺點。

A 校

游泳社實力堅強	沒有留學生英語課程
距離嚮往的紐約較近	沒有學生宿舍
學費比較便宜（20 萬）	冬天很冷
日籍留學生比較少	

B 校

有留學生英語課程	冬天很冷
距離嚮往的紐約較近	游泳社實力較弱
學費比較便宜（20 萬）	
有學生宿舍	
日藉留學生較少	

C 校

游泳社實力非常堅強	沒有留學生英語課程
氣候很好（整年溫暖晴朗）	距離嚮往的紐約很遠
	沒有學生宿舍
	日藉留學生很多
	學費很貴（40 萬）

步驟 3：針對寫下的各個項目做出評價

　　針對步驟 2 寫下的各個項目，優點標記為「＋」、缺點為「－」，各以三階段來做評價。

優點

- 「非常好」 ＋＋＋
- 「普通」 ＋＋
- 「雖是優點，但不重要」 ＋

缺點

- 「很差」 －－－
- 「有點差」 －－
- 「雖是缺點，但不重要」 －

小南針對各個選項，做出右頁的評價。

步驟 4：選擇最屬意的選項

做完評價之後，比較各選項的優缺點，再找出自己最屬意的選項。

小南比較了三所學校之後，選擇了加分最高、減分最低的 B 校。

「優缺點」表

A 校

游泳社實力堅強	+	沒有留學生英語課程	- - -
距離嚮往的紐約較近	+++	沒有學生宿舍	- -
學費比較便宜（20 萬）	++	冬天很冷	- -
日籍留學生較少	+++		
合計＋數＝ 9		合計－數＝ 7	

B 校

有留學生英語課程	+++	冬天很冷	- -
距離嚮往的紐約較近	+++	游泳社實力較弱	-
學費比較便宜（20 萬）	++		
有學生宿舍	++		
日籍留學生較少	+++		
合計＋數＝ 13		合計－數＝ 3	

C 校

游泳社實力非常堅強	+	沒有留學生英語課程	- - -
氣候很好（整年溫暖晴朗）	++	距離嚮往的紐約很遠	- - -
		沒有學生宿舍	- -
		日籍留學生很多	- - -
		學費很貴（40 萬）	- -
合計＋數＝ 3		合計－數＝ 13	

「評價軸 × 評價」表

　　針對小南選擇留學地點的問題，我們再用「評價軸 × 評價」表來思考看看。

　　這項工具在同時比較多個選項時很有幫助。

步驟 1：列舉所有選項

　　和「優缺點」表一樣，先列出所有的選項，小南仍然是列出 A、 B、C 三所學校。

步驟 2：針對各個選項，寫出評價軸

　　接著是列舉評價軸。盡可能寫出自己堅持不可或缺的條件，例如應該具備什麼比較好。

　　小南寫出下列的評價軸：

- 日籍留學生人數多寡
- 游泳社實力是否堅強
- 是否離嚮往的紐約較近
- 是否有學生宿舍
- 學費是否低廉
- 氣候是否良好
- 是否有留學生英語課程

步驟 3：決定各評價軸的重要程度

再來就是決定評價軸的重要程度。不會所有的項目都是同等重要，一定有對自己比較重要的項目。我們分成「高」、「中」、「低」三個階段來評價，依重要程度從「高」到「低」重新排列一次。

小南心中堅持的項目有三個：

- 是否有留學生英語課程：高
- 留學生人數多寡：高
- 是否離嚮往的紐約較近：高

- 學費是否低廉：中
- 是否有學生宿舍：中
- 氣候是否良好：中
- 游泳社實力是否堅強：低

步驟 4：評價各個選項

按照步驟 3 所列出評價軸的順序，對各個選項進行比較。分成五階段或三階段都可以，具體寫出數字或文字備註。

小南做了右圖的三階段評價表。

步驟 5：選擇最屬意的選項

最後就是比較完所有選項後，做出綜合評價。

這時候應該把焦點放在重要程度較高的評價軸上（圖表上方的項目），作為決策的依據。

評價軸	評價軸的重要程度	A 校	B 校	C 校
是否有留學生英語課程	高	+（沒有）	+++（有）	+（沒有）
留學生人數多寡	高	+++（少）	+++（少）	+（多）
是否離嚮往的紐約較近	高	+++(近:45分)	+++(近:30分)	+（遠:5小時）
學費是否低廉	中	++（較便宜:20萬）	++（較便宜:20萬）	+（昂貴:40萬）
是否有學生宿舍	中	+（沒有）	+++（有）	+（沒有）
氣候是否良好	中	+（冬天很冷）	+（冬天很冷）	+++（很好）
游泳社實力是否堅強	低	++（強）	+（弱）	+++（很強）
綜合評價		++	+++	+

　　小南發現，C 校雖然在「氣候是否良好」、「游泳社實力是否堅強」的評價很高，但是這些對小南來說都是重要程度較低的項目，因此綜合評價就比較不理想。

　　還是 B 校最符合她的條件。

後記
培養解決問題的能力，成為國際型人才

　　具備解決問題的能力，就可以主宰自己的人生。廣泛觀察事物、看清事物本質、落實解決方案於行動，這些能力都可以藉著訓練培養出來。

　　這不只是單純磨練邏輯思考，而是能夠明確知道問題的本質，具體落實解決方案。所以既不是要培養滿口理論而不務實的人，也不會阻礙創造力的發展。

　　歐美的部分學校藉著英語及歷史等課程教導學生批判性思考，這與解決問題的能力很類似。為了培養下一代的領導者，他們先給予學生觸動感情的刺激，使他們對事物抱持懷疑：「問題的本質為何？」「自己會怎麼處理？」藉著這些

問題，讓他們學習作為領導者的責任感，以及決策能力，使他們個人的價值觀得以具體化。

我從中學二年級開始在美國受教育，最讓我感受到衝擊的是在格林威治高中的美國歷史課。

舉例來說，當我們上到美國民權運動時，老師讓我們看當時黑人遭受不平等待遇的影片。我們班上有許多人種，大家一起看了那部影片，那些活生生的情感和體驗，就這樣呈現在我們眼前。我們還閱讀金恩牧師的自傳、迫害黑人的三K黨等資料，以及相關的小說，老師要求我們用各種觀點來思考這件事。

我們不只是背誦課本上某一行文字所記載的數字或事實，而是配合影片或小說，去體驗當時的社會環境、人們的感情或故事。之後，全班再討論，並撰寫論文。

「你是否認為現在仍有種族歧視的問題？」「種族歧視是人類的本能所致，亦或是環境使然？」「如何才能消彌種族歧視的問題？」「如何才能達到目的？」──就像這樣，老師讓我們徹底地思考，也嘗試找出解決方案。換句話說，我們藉著這些課程培養解決問題的能力。

當我了解到身為國際人所需具備的資質，除了語言能力，還需要這種思考的統合能力，像這樣徹底思考一個問題，直到想出解決方法，並付諸實行的態度，我感到相當震撼。隨後我進入耶魯大學，從經濟學到心理學，一方面廣泛尋求學問，培養學識，也用這種方法繼續磨練自己。

　　大學畢業後，我進入麥肯錫顧問公司，才知道這就是所謂的「解決問題能力」。這個方法不僅通用在企業戰略上，比爾・蓋茲夫妻的慈善基金會提出應撲滅疾病的優先次序、U2 樂團的主唱 Bono 協助解決非洲的貧窮問題，還有美國在911 恐怖事件後商討危機應變處理對策時，都是利用這套方法。

　　麥肯錫顧問公司完成了解決問題的架構，我也因此得到有系統的訓練。這套方法實際用在商務上所能產生的助益已是不遑多論，當我在麥肯錫紐約分公司，與各種國籍、背景的人士進行溝通時，這套方法也是不可或缺的工具。

　　解決問題的能力並不是讀過一次書就可以學到的，「理解」與「活用」之間有很大的差距。

　　當我們實際遭遇各種問題，不要輕言放棄，多試幾次，

直到解決為止，這樣才能慢慢使自己具備解決問題的能力。

話說回來，其實日常生活中的一些小事，也可能就是一個契機。比如說，當一家人圍著餐桌用餐時，如果有人提出什麼疑問，又或者大家一起看電視新聞時，互相討論：「為什麼會這麼想？」「問題出在哪裡？」「原因為何？」「該怎麼解決？」也是培養徹底思考的好機會。各位讀者也不妨在家裡或是學校，藉著討論各種問題去感受其中樂趣。

如果能在全國推廣這種教育，我相信一定可以進一步激發每個人的潛在能力，而這在日後必定會連帶使得「自主思考、行動」、「活躍於世界」的人才輩出。

過去我一直在提倡自我學習、思考、解決能力的重要，以及學習方法、思考方法的必要性，接下來應該是把這些關於「必要性」的論述，轉移到行動上的時候了。我想編排具體的課程，實際應用在教學上，如此便能使這項教育更向前邁進一步，因此，在編寫本書的同時，我也開始進行推廣教育。

今後我將向政治、經濟、教育等各界人士請益，商討引進這種教育的方法。希望能夠培養出更多的解決問題小子！

最後，藉著本書的問世，我要向許多人表達感謝之意。首先是我在麥肯錫顧問公司服務時期的東京分公司前總經理平野正雄先生，他對於我所提出「從孩童時期培養解決問題能力的必要性」這個議題深表同感，提供我許多發表相關看法，以及出版書籍的機會。還有經常在百忙之中，為我諮詢人生課題的東京分公司前總經理橫山禎德先生；以中、小學生母親的角度提供我許多寶貴意見的川本裕子女士；協助我完成訪談的同學、老師，以及家長。出版社的工作人員和插畫家；最後是我的家人及朋友們，感謝他們一路上給予我支持及鼓勵，在此謹致上最高的謝意。

解決問題最簡單的方法——在故事中學會麥肯錫5大思考工具／渡邊健介 Kensuke Watanabe 著；蔡昭儀 譯 . -- 二版 . -- 台北市：時報文化，2017.02；160 面；14.8✕21 公分

譯自：Problem Solving 101: A Simple Book for Smart People

ISBN 978-957-13-6898-6（平裝）

1. 思考　2. 成功法　3. 自我實現

176.4　　　　　　　　　　　　　　　　　　　　　　　　106000852

BIG 叢書 269

解決問題最簡單的方法
——在故事中學會麥肯錫 5 大思考工具

Problem Solving 101: A Simple Book for Smart People

作者　渡邊健介 Kensuke Watanabe ｜ 譯者　蔡昭儀 ｜ 主編　陳盈華 ｜ 編輯　劉珈盈 ｜ 美術設計　陳文德 ｜ 插畫　Allan Sanders ｜ 執行企畫　黃筱涵 ｜ 董事長　趙政岷 ｜ 出版者　時報文化出版企業股份有限公司　108019 台北市和平西路三段 240 號 3 樓　發行專線—(02)2306-6842　讀者服務專線—0800-231-705．(02)2304-7103　讀者服務傳真—(02)2304-6858　郵撥—19344724 時報文化出版公司　信箱—10899 臺北華江橋郵局第九九信箱　時報悅讀網—http://www.readingtimes.com.tw ｜ 法律顧問　理律法律事務所　陳長文律師、李念祖律師 ｜ 印刷　勁達印刷有限公司 ｜ 二版一刷　2017 年 2 月 17 日 ｜ 二版七刷　2021 年 12 月 22 日 ｜ 定價　新台幣 280 元 ｜ 版權所有　翻印必究（缺頁或破損的書，請寄回更換）

時報文化出版公司成立於一九七五年，並於一九九九年股票上櫃公開發行，於二〇〇八年脫離中時集團非屬旺中，以「尊重智慧與創意的文化事業」為信念。